SABIDURÍA CHILENA DE TRADICIÓN ORAL

(CUENTOS)

EDICIONES UNIVERSIDAD CATÓLICA DE CHILE
Vicerrectoría de Comunicaciones
Av. Libertador Bernardo O'Higgins 390, Santiago, Chile
editorialedicionesuc@uc.cl
www.ediciones.uc.cl

SABIDURÍA CHILENA DE TRADICIÓN ORAL
(Cuentos)
Gastón Soublette Asmussen

© Inscripción N° 232.389
Derechos reservados
Agosto 2013
ISBN N° 978-956-14-1372-6

Reimpresión primera edición, diciembre 2019

Diseño: Francisca Galilea R.

CIP-Pontificia Universidad Católica de Chile
Soublette, Gastón.
Sabiduría chilena de tradición oral: (cuentos) / Gastón
Soublette, Marisol Robles,
Verónica Veloz.
Incluye bibliografía
1. Cuentos chilenos.
I. t.
II. Robles Ortiz, Marisol del Carmen.
III. Veloz Castro, Verónica.
2013   Ch863 +DDC22   RCAA2

SABIDURÍA CHILENA DE TRADICIÓN ORAL

(CUENTOS)

Gastón Soublette
Marisol Robles
Verónica Veloz

EDICIONES UC

ÍNDICE

INTRODUCCIÓN

El cuento popular es un género narrativo de tradición oral, un relato de ficción, cuya finalidad es divertir y entretener. Los estudiosos de este género distinguen varios tipos de cuentos, entre los que destacan por sobre todos los así llamados *cuentos maravillosos*, en cuyos relatos intervienen elementos sobrenaturales. Son ciertamente los cuentos más importantes en todas las tradiciones populares y es a ese tipo de cuentos que han dedicado de preferencia sus estudios los más célebres investigadores.

El hecho de que estas narraciones se hayan recogido de la tradición oral y hayan sido fijadas en un texto, entregándonos así una versión única, es un hecho relativamente reciente, y ha ocurrido justamente cuando esa tradición comenzaba a ser interferida por los aportes ideológicos y modos de vida de la modernidad, como si los investigadores del folklore oral hubiesen intuido que sobre esa pieza maestra del patrimonio intangible de las naciones, pesaba el riesgo de un proceso de olvido y desaparición. En lo que a Chile se refiere, una prueba de lo antes dicho podemos hallarla comparando las recopilaciones realizadas por investigadores desde fines del siglo XIX con las realizadas a mediados del siglo pasado. Es un hecho que entre esas dos épocas comenzó un lento desvanecimiento de la memoria que sostiene la cultura oral, porque ésta es incompatible con los modos de vida del actual modelo de civilización.

Con todo, la versión única que nos han legado los investigadores de otras generaciones, por fidedigna que pueda ser como es el caso de los cuentos recopilados por el antropólogo Ramón Laval en Chile, transfieren al ámbito de la cultura ilustrada este género narrativo que antes vivió solo en la oralidad y sus modos de transmisión, con lo que se quiere decir que la comunidad cultural se fue alejando del narrador y del particular modo de entregarnos su versión del patrón narrativo básico de los cuentos, con las variantes ocasionales de cada relato.

He tenido la suerte de conocer a algunos narradores, que ya en la década de los años sesenta del siglo pasado eran hombres maduros, la mayor parte de ellos de la tercera edad. Con relación a esto, recuerdo que en una ocasión asistí por casualidad a una reunión familiar en la casa de un inquilino del fundo *Lagunillas*, de don Mario Larraín Eyzaguirre, situada en la ruta que conduce hacia el interior del cajón del río Colorado, afluente del Maipo, en un lugar llamado *El agua del peumito* donde hay una vertiente que nunca se agota.

En esa ocasión la familia completa estaba reunida en torno al fogón de una casa enteramente construida de piedra. Fui admitido a esa reunión por mi amistad con la familia del dueño del predio y entré justo en el momento en que el jefe de familia contaba a los suyos el cuento *El soldadillo*. La hora en que eso ocurrió fue a la caída de la tarde, en pleno invierno en un día de lluvia, de modo que ya estaba oscureciendo y el espacio en que los familiares del narrador estaban situados era solo iluminado por el fuego de la chimenea. Yo conocía ese cuento por haberlo leído en la versión recogida por don Ramón Laval, y pude constatar que la versión entregada por este narrador tenía variantes.

A un costado del espacio interior de la casa había un sector sumido en la oscuridad, del que surgían por momentos ruidos como de tos o carraspera de un hombre. En ese lugar, lo supe después, estaba situado el abuelo de los niños y jóvenes ahí reunidos, narrador de conocido talento en la zona, quien, por así decirlo, vigilaba la narración que estaba realizando su hijo. Conversando después con ese hombre de edad avanzada supe que él podía contar cuentos durante una semana corrida sin repetirse.

El hecho de que por los reflejos del fuego yo pudiera ver al narrador que contaba el cuento, pero no a su padre, de quien lo había aprendido, fue como un acontecimiento sincronístico que me estaba mostrando una imagen ideal (pero real) de lo que ha sido la tradición oral en Chile, y el mundo y la función que ésta ha desempeñado en las familias y comunidades de todos los pueblos.

En esa ocasión pude apreciar la riqueza de la oralidad justamente por las variantes introducidas por el narrador en un patrón narrativo que me era muy conocido, como también pude apreciar los vacíos de memoria del hombre, que fueron llenados con elementos de otro cuento. Lo que sincronisticamente parecía reflejar el proceso del lento desvanecimiento de la memoria ancestral en las últimas generaciones, en tanto que el abuelo —símbolo del depósito intacto del mensaje oral de nuestra cultura popular— se sumía en la oscuridad. A todo eso podemos agregar también el hecho de que la casa era de piedra, y estaba situada junto a una vertiente inagotable llamada por los lugareños *El agua del peumito.*

A lo largo de muchas décadas los investigadores del cuento maravilloso intentaron determinar los elementos de la narración que le dan su forma peculiar, mediante clasificaciones según los temas o los personajes que actúan en él, hasta que el antropólogo ruso Vladimir Propp logró aislar las constantes elementales que determinan su morfología y lo distinguen de los demás géneros narrativos de la tradición oral. Según Propp esos elementos son modalidades de acción independientes del tema del cuento y de sus personajes. Son coordenadas formales que atraviesan por igual todo el repertorio de la narrativa popular y constituyen la fisonomía de su estilo. Esas modalidades de acción, Propp las llamó *funciones.*

No obstante, es necesario advertir que si bien las funciones de Propp son modalidades de acción comunes a todos los cuentos maravillosos, con independencia del tema y de los personajes, todas obedecen y son exigidas por la acción global que constituye la historia narrada en el cuento, la que siempre se ajusta a la *aventura heroica*, en el sentido del itinerario que recorren en su vida ciertos hombres y mujeres quienes, por el hecho de nacer dotados de cualidades excepcionales, son llamados a cumplir una misión trascendente en beneficio de la comunidad y de sí mismos.

Así los cuentos maravillosos y sus personajes, por muy diferentes que puedan parecer, se resumen al fin en un único proceso humano, ofreciendo a la comunidad modelos de comportamiento sensato en la vida.

Las funciones que Propp logró detectar en los cuentos como constantes formales son 32, entre las que se distinguen situaciones tales como: el alejamiento del héroe del ambiente familiar; una carencia que afecta a algún miembro de su familia (por ejemplo, ceguera del rey); la intervención de un agresor que daña y engaña a uno del clan; la decisión del héroe de actuar; su viaje iniciático y las pruebas a que es sometido; sus fallas y triunfos y las consecuencias adversas o venturosas que éstas generan; la intervención de uno o más auxiliares; la recepción de un objeto mágico; las noticias que tanto el héroe como sus oponentes reciben unos de otros; la humillación del héroe previa a su exaltación final; el encuentro con el ser amado; la derrota de los oponentes; la apoteosis conclusiva del personaje y su enlace matrimonial (su ascenso al trono, si es el caso).

El hecho de que por lo general las pruebas a que el héroe es sometido sean tres, correspondientes a la tríada del placer, el poder y la vanidad; la forma cómo éste las enfrenta fallando en unas y triunfando en otras; las consecuencias que se derivan de ello; el carácter de la carencia que él tiene que suplir o la afrenta que debe reparar; el tipo de oponente que enfrenta incluidos los monstruos; el tipo de auxiliar que halla en su viaje aparentemente por azar; su actitud ante las apariencias de ese personaje, casi siempre de humilde condición; el tipo de ayuda que se le ofrece; el por qué de su humillación previa a su exaltación; el proceso que hace posible el encuentro con su complemento y su enlace matrimonial; todo constituye un proceso de autosuperación que no es solo moral, sino también psíquico y espiritual. El héroe no solo aprende a obrar rectamente como una consecuencia de sus experiencias venturosas o adversas, sino que experimenta un cambio interior, por eso algunos cuentos incluyen la función que Propp llama *transfiguración*.

Ahora bien, eso que llamamos comportamiento sensato es el gran tema de la sabiduría universal, y por eso sus principios son los mismos en todas las culturas del mundo. Así el héroe, definido como aquel que hubiendo nacido con excepcionales aptitudes, es llamado a cumplir una alta misión, es un personaje conocido en todos los continentes del orbe, y esa es la razón de por qué los patrones narrativos de los cuentos suelen ser muy semejantes en todas las tradiciones culturales, aún sin que haya habido influencias de una cultura en otras.

Resumiendo podemos decir que la humanidad siempre se ha contado los mismos cuentos, y eso porque al fin todos los hombres son en esencia iguales.

Llegado a este punto de nuestra reflexión se impone ver entonces sobre la definición del cuento popular con que iniciamos el texto. Se dijo que la finalidad de este tipo de narración era divertir y entretener, lo que es repetido por todos los investigadores, porque con ese fin aparente el narrador cuenta su cuento ante un auditorio. No son muchos los que hacen la salvedad de que esa función —que de hecho ha cumplido el cuento en los usos y costumbres de los pueblos— oculta un propósito educativo de capital importancia a la manera de los mitos heroicos de la antigüedad y del Medioevo. Esos mitos tratan también el tema del comportamiento sensato en la vida, pero a un nivel de alta cultura.

Porque ocurre que los estamentos altos de la sociedad también tuvieron su texto hablado en un principio, que después pasó a la escritura en el trabajo de recrear literariamente las antiguas tradiciones orales. Esto realizado especialmente por clérigos de gran erudición. Es lo que ocurrió con las historias del Santo Grial; del rey Arturo y los caballeros de la mesa redonda; las proezas de Rolando, el Cid campeador, Tristán e Isolda, y otras de la misma naturaleza. Si bien los caballeros y los monjes y la alta burguesía de entonces podían adquirir excepcionalmente un ejemplar escrito (incunable) de esas gestas medioevales, lo habitual era que fueran conocidas por las recitaciones y dramatizaciones realizadas de memoria por los juglares en las cortes.

Los cuentos maravillosos son un derivado de los mitos heroicos y por eso pueden ser considerados como mitos menores transmitidos oralmente, en los que se revelan metafóricamente los secretos del desarrollo espiritual de las personas. En su origen puede que no hayan sido tan exclusivamente populares como hoy lo parecen, pero, como siempre ha ocurrido, que ha sido el pueblo campesino quien los conservó fidedignamente mientras la clase dirigente, desde el siglo de las luces, fue abriéndose a los nuevos aportes ideológicos de la modernidad, los que paulatinamente desplazaron las antiguas tradiciones. En el siglo XVII en Francia da la impresión de que esa tradición comenzaba a perderse, ya que el mismo rey Luis XIV ordenó a un grupo de letrados recoger la tradición oral popular de la nación. Mucho tiempo después, en el siglo XIX, escritores como los hermanos Grimm de Alemania, el danés Christian Andersen y el italiano Carlo Collodi, autor del inmortal *Pinocho* y muchos otros, recopilaron y escribieron cuentos concebidos en la forma de las narraciones populares, como un anhelo del romanticismo de recuperar la sabia inocencia del texto hablado popular.

Ahora bien la pérdida completa de esa tradición en los estamentos altos de la sociedad, motivó que justamente desde el siglo XIX se haya emprendido en el mundo un vasto trabajo de recopilación, estudio, y difusión de estos cuentos, que, recordados solo por narradores, reaparecieron en el mundo pero no ya como experiencias vividas por la comunidad y avaladas por una larga tradición de usos y costumbres, sino casi exclusivamente en el ámbito en que trabajan los investigadores académicos y pensadores, y solo para devenir un tema más de los saberes eruditos.

En el tratamiento del tema podemos distinguir dos etapas, una primera en que los investigadores trabajan en el ámbito de una antropología descriptiva, y otra en que los cuentos como los mitos y otras formas narrativas de la antigua tradición oral, son procesados con criterios de interpretación con los aportes de otras ramas del saber. La primera etapa comienza con la recopilación, la difusión y el estudio temático y formal de los cuentos y culmina con los trabajos de Vladimir Propp. La segunda se inscribe en la corriente de interpretación de las narraciones orales desde el ámbito de la psicología analítica.

En este sentido y en lo que a los mitos heroicos y los cuentos se refiere, cabe destacar las figuras de Karl Gustav Jung, Marie Louise von Franz, Paul Diel, quienes tendieron a ver en la aventura heroica un sentido de maduración psicológica denominado por Jung *proceso de individuación*. Las polémicas a que ha dado lugar este tipo de interpretaciones se deben a que siempre habrá pensadores *especialistas* que desarrollan su pensamiento en torno a un tema, delimitando bien las fronteras que separan ese tema de otros, los que por lo general reaccionan con cierta hostilidad ante quienes se niegan a fijar a su materia de estudio fronteras excluyentes, como ha sido el caso de los autores que han analizado los cuentos maravillosos y los mitos heroicos con criterios psicológicos.

Se trata de tipos humanos de estructura mental muy diferente. En el caso del segundo tipo, son personas que han hecho no solo una sino dos o más lecturas de los mitos y los cuentos, buscando poner en relieve el mensaje humano de fondo contenido en ellos. En tanto que los que estudian los cuentos y los mitos solo por lo que son en sí, son personas que por lo general adquieren mediante el estudio y la investigación un saber que agota en sí mismo su finalidad.

Este problema se entiende mejor haciendo una distinción entre un *saber de salvación*, y un *saber de dominio*. Esta distinción procede de la teología, y fue adoptada después por la antropología. En la teología se usa el calificativo saber de salvación para definir el saber que es propio de las sagradas escrituras, a fin de diferenciarlo del que es propio de las ciencias y la filosofía.

Resulta particularmente claro si se considera, por ejemplo, que en las sagradas escrituras hebreas está incluida una parte considerable de la historia del pueblo de Israel, y no por eso la Biblia puede ser considerada sin más como un texto histórico como lo entiende hoy la ciencia de la Historia. Esto se entiende bien si se compara esta historia teológica hebrea con las célebres *Historias* de Herodoto. Este autor, considerado el padre de la Historia, hace la cuenta descriptiva del pasado de muchos pueblos, con el solo propósito de difundir ese conocimiento, en tanto que la Biblia aborda la historia del pasado del pueblo de Israel solo desde el hecho de la irrupción de Dios en el destino de ese pueblo.

Con la denominación *saber de dominio* se quiere decir que en el proceso de generar conocimientos, la ciencia, al determinar en algún ámbito lo que se entiende por el *ser así del mundo*, está efectuando un acto de dominio sobre el objeto conocido, al significarlo, y eso como una proyección del paradigma cultural en cuyo contexto se reflexiona. El saber de dominio se adquiere en el entendido que el solo hecho de saber algo es un bien en sí mismo, independientemente del uso ulterior que se haga del saber. Por lo demás, ese uso ulterior históricamente ha demostrado ampliamente que la forma de calificar este saber es correcta.

Conforme a esta distinción entre esos dos tipos de saber, está claro, para quienes interpretan el cuento desde la psicología analítica, que no obstante su finalidad de divertir y entretener, de hecho la narración oral se constituía siempre en una instancia de alto sentido educativo y el pueblo asimilaba el cuento en un momento de especial receptividad, de modo que las metáforas que contenía, sin mediar explicación ninguna, penetraban en el inconsciente donde residen los patrones simbólicos que transfieren al auditor, por vía analógica, la enseñanza que el narrador entrega desde el depósito de la tradición, sin que nada de eso pase por el procesamiento de la mente consciente.

Develado así el saber que el cuento contiene es evidente que éste pertenece al ámbito de la sabiduría, la que puede ser calificada justamente como un saber de salvación.

La palabra salvación, de un tenor francamente religioso, se entiende conforme al propósito de las sagradas escrituras de salvar a los hombres de la muerte, término que en el lenguaje bíblico está referido más a la muerte espiritual que al hecho puro y simple de morirse, desde que la caída original torció el destino trascendente de la familia humana. Tal es el sentido con que Jesús se refiere a la muerte cuando le responde a un candidato a discípulo que quiere seguirle, pero le pide que antes le dé tiempo para enterrar a su padre difunto. Se recordará que en ese pasaje Jesús dijo: *Deja que los muertos entierren a sus muertos*, refiriéndose en términos extremadamente severos a los miembros de la familia de su discípulo, atrapados en un estéril legalismo religioso.

Ahora bien, en el ámbito de la sabiduría, conocimiento vivencial referido al sentido de la vida, se puede emplear también el término *salvación* en el entendido que el hombre debe acceder de algún modo a ese conocimiento para vivir sensatamente, pues existe una legalidad inherente a la vida humana expresada originariamente en lo que hoy podríamos llamar *la ley de las sociedades primitivas*, pero enseñada después en toda su profundidad en los mitos heroicos y los cuentos, y posteriormente en las enseñanzas impartidas directamente por los sabios; conocimiento que el hombre siempre corre el riesgo de perder y caer en la insensatez y sus graves consecuencias, pues ocurre que ignorar la sabiduría no puede hacerse impunemente, y de esa ignorancia y sus consecuencias deriva el carácter de saber de salvación de la sabiduría, con lo que se está diciendo también que en lo que al cuento se refiere, al igual que las sagradas escrituras o los textos canónicos de los grandes sabios, no se trata de un discurso oral o escrito que agote en sí mismo su finalidad, como antes se dijo.

El hecho de que el cuento sea un relato oral, conservado en la memoria privilegiada de ciertos *señores de la palabra*, que son los narradores anónimos, acentúa el carácter de saber de salvación que tiene la sabiduría que ellos contienen, tanto más si el acto de realizar la narración ante un auditorio es de carácter comunitario y tiene veladamente un cariz ceremonial.

Se trata del ritual de la sabiduría, no del ritual religioso. Pero si el ritual religioso se caracteriza por ser una especie de dramatización de los mitos mayores y la revelación, y el oficiante es un sacerdote o rey con atribuciones sacerdotales, el rito del narrador popular simboliza en términos de narración los grandes principios de la sabiduría expresados simbólicamente en una instancia coloquial entre él y la comunidad.

En toda tradición de sabiduría subyace el supuesto de que el sentido es cósmico y preexistente al hombre. Esta afirmación está referida, por una parte, a las leyes naturales y por otra, al proceso formativo del desarrollo psíquico pleno y armónico de los hombres. El hombre nace con un potencial psíquico que lo caracteriza a él como individuo. Ese potencial debe ser desarrollado por la educación que supuestamente recibirá por su pertenencia a una comunidad. En ese proceso se conjugan, por una parte el saber que se le imparte sobre el mundo y por otra, el conocimiento del sentido, a lo cual se agrega la experiencia estrictamente individual por la que todos deben pasar, y en la cual la escuela o el maestro es la vida misma.

En la aventura heroica se trata de alguien que por poseer cualidades excepcionales no puede seguir el mismo camino de desarrollo que el común de los mortales, sino que debe vivir una experiencia personal de excepción. Incluso se insinúa en el cuento que el ambiente en que nace, por muy ideal que parezca en su descripción inicial, está viciado de algún modo, y se muestra inapropiado para que el héroe conozca y revele su verdadera identidad. Más aún se puede decir que en la ambientación inicial del cuento se da a entender que el sentido se ha perdido y que es necesario que el héroe lo encuentre para estar en condiciones de cumplir su misión en la sociedad, la que puede ser definida, en última instancia, como un restablecimiento del pacto social, roto por la falta de sabiduría en la cúpula gobernante, la injusticia, y la conducta insensata de los propios miembros de su clan (El pájaro Malverde).

La interpretación de la aventura heroica desde la psicología analítica, aporta una clave para decodificar el lenguaje simbólico de la narración, de lo que resulta una unidad de sentido y una explicación que rescata al cuento de lo que parece ser la pura imaginación creadora del pueblo, y lo acerca a la problemática fundamental de todos los hombres en lo que se refiere a la orientación de la conducta individual y al hecho de vivir en sociedad. Porque el desarrollo psíquico pleno y armónico y la amenaza de frustración que pesa sobre él, es el problema central de la vida del hombre. Por eso los mito heroicos y sus derivados, los cuentos maravillosos, por su carácter de relatos ejemplares, no podían menos que representar en narraciones de alta calidad poética, lo que siempre ha sido fundamental para los individuos y la sociedad: el conocimiento del sentido que forma personas sensatas y creativas.

El esquema jungiano de la psique es el que más se aproxima a la problemática que debe resolver el héroe en el cumplimiento de su misión. Jung nos presenta la psique humana como constituida por tres elementos fundamentales, el eje central de YO el que actúa movido por dos tipos de fuerzas o energías complementarias, las que son rotuladas bajo los nombres latinos de *Animus* y *Anima*. Prescindiendo de todos los matices con que Jung define y describe esa polaridad, se puede decir que el *Animus* corresponde a la coordenada paterna, activa, consciente y fuerte de la personalidad, y el *Anima* corresponde a la coordenada materna, intuitiva, inconsciente y receptiva. Del *Animus* deriva el conocimiento, la decisión; del *Anima*, la inspiración, la premonición. El *Animus* razona, el *Anima* siente.

A esta triada se suman dos elementos negativos adquiridos en la experiencia del vivir, los que obstruyen el desarrollo armónico y pleno de la psique. Jung los llama la *persona* y la *sombra*. La persona es la modalidad existencial que adoptamos inconscientemente como actitud establecida en nuestro carácter, para presentarnos ante los demás, aparentando algo y ocultando aspectos de nuestro carácter que no queremos revelar ante otros, y todo eso para ganar ventajas y no crearnos problemas con los que actúan del mismo modo. En suma, es el modo de ser que adoptamos por las exigencias y desafíos del medio social. La sombra es el doble reprimido que hay en todo ser humano, él que a causa de la represión es sepultado en el inconsciente y deviene maligno.

El proceso de individuación, por el que la psique se unifica, comporta una armonización y equilibrio del *Animus* y el *Anima*, y una asimilación de la *sombra*, la que debe ser enfrentada con coraje y denunciada ante la conciencia. Ese acto salvador constituye un despertar y una verdadera conversión, de lo que resulta una disminución de la *persona* en pro de la autenticidad y la transparencia. De este modo el ser humano recupera la inocencia y la ecuanimidad y se integra en una totalidad llamada sí-mismo.

Da la impresión de que en los estudios de los cuentos maravillosos realizados desde la psicología analítica, los autores de esos estudios hubieran procurado devolverle a los cuentos su carácter sapiencial y su calidad de saber de salvación, lo que podríamos decir también de los estudios de exégesis realizados sobre los mitos heroicos, pues el psicólogo en el ejercicio de su profesión tiene que enfrentar a pacientes cuyo proceso de curación comporta una verdadera transformación cualitativa de la persona, en lo que se percibe una espiritualidad subyacente, sobre todo en la orientación jungiana de la terapia. En ese sentido se percibe, por ejemplo, en el libro que Paul Diel escribió sobre los mitos heroicos griegos, una cierta actitud militante que trasciende la mera investigación y el aporte de nuevos conocimientos en ciencias humanas, como si su autor estuviera reeditando un saber de salvación con propósitos también salvadores, así su libro adquiere un cierto carácter exhortativo para sus lectores.

Eso se dice para declarar en este prólogo que con esa misma intención ha sido escrito el presente libro, cuya autoría he compartido con dos alumnas que siguieron el curso que dicté sobre narrativa popular en la Pontificia Universidad Católica de Chile: Marisol Robles Ortiz y Verónica Veloz Castro, quienes escribieron dos excelentes ensayos de exégesis sobre los cuentos *La princesa del retrato* y *El tahúr o la hija del Diablo*, incluidos en esta obra.

El libro se inscribe dentro de un programa que fue ideado por el suscrito y su colega, profesor Fidel Sepúlveda, cuya finalidad ha sido la de escribir los así llamados *clásicos* de la cultura tradicional chilena, de los que ya han sido publicado tres: *El canto a lo poeta*, del profesor Sepúlveda y *Sabiduría chilena de tradición oral: Refranes*, del autor de este libro, y recientemente *El cuento tradicional chileno* también del profesor Sepúlveda.

El propósito de esta colección es el de proponer, a través de la educación superior, una reconsideración de la sabiduría de nuestro pueblo, la que en diversas formas de expresión le ha dado a nuestro país su identidad cultural. Y si bien se trata de formas heredadas de un pasado irrecuperable, contiene elementos de un conocimiento del hombre que es transhistórico y válido para cualquier época, mientras el hombre siga siendo hombre, y susceptible de ser reformulado y enseñado en el ámbito académico, no solo con el propósito de difundir el saber, pues resultaría una inconsecuencia estudiar la sabiduría y no sentirse interpelado por ella para trascender la mera adquisición de conocimientos.

GASTÓN SOUBLETTE

EL PÁJARO MALVERDE

EL PÁJARO MALVERDE

Allá por los tiempos en que las culebras andaban paradas y los animales hablaban, había, muy distante de este país, una comarca extensa y fértil, gobernada por un rey prudente y sabio. La buena fortuna siempre había acompañado a este monarca, que vivía feliz, rodeado del cariño de su mujer y de tres hijos varones que le amaban y respetaban. Pero de pronto una grave enfermedad de la vista, que le dejó completamente ciego, vino a interrumpir su felicidad. Hízose ver de los médicos mas sabios del reino y del extranjero, y todos, uniformemente, declararon que la ceguera no tenía remedio.

Mas, he aquí que llega a las puertas del palacio una pobre anciana solicitando hablar con el rey, a quien le traía una noticia que sería muy de su agrado. Los guardias se oponían a dejarla pasar, pero al fin la porfía e insistencia de la vieja consiguieron ablandar al jefe de la guardia, que la condujo hasta el pie del trono de su soberano.

Una vez en presencia del rey, arrodillose la vieja e inclinando su cabeza hasta tocar el suelo con el rostro, habló de esta manera:

—Ruego a su Sacra y Real Majestad que perdone mi osadía, pero me ha parecido que habría faltado a mi deber si no hubiese venido a postrarme a las plantas de mi rey, a contarle lo que me ha pasado. Ayer, en la tarde, después de terminar mi acostumbrada gira por la ciudad, en demanda de limosnas, me recogí a mi pobre choza, y habiéndome sentado en un piso, me quedé transpuesta, y vi claramente que se me ponía por delante una hermosa señora que me decía: —"Ve a palacio y dile a tu soberano que no recobrará la vista hasta que le pasen por los ojos una pluma del pájaro Malverde". Y desapareció. Esta es la causa, soberano señor, porque me he atrevido a llegar hasta vuestra presencia, y una vez cumplida la orden que en sueños recibí, ruego a su Sacra y Real Majestad, me permita retirarme.

Ordenó el rey que entregaran a la anciana una bolsa con plata, y dándole las gracias, la hizo acompañar hasta la puerta por el mismo oficial que la había introducido.

Inmediatamente el mayor de los hijos del rey, el príncipe Alberto, se prosternó ante su padre y le dijo:

—Yo, como el primero de vuestros hijos, tengo la obligación de salir a buscar el pájaro Malverde para que recuperéis la vista, y os pido vuestra bendición para emprender el viaje.

—Yo alabo tu buena intención y tu amor filial, pero precisamente, por ser tú el mayor de tus hermanos, menos que ninguno debes dejarme. Piensa que soy viejo, que de un momento a otro puedo morir y que, en un caso como ese, es preciso que tú estés aquí para que inmediatamente tomes posesión del trono.

—Vuestra Majestad me perdonará que insista en abandonar el país por un poco de tiempo, yo espero que Dios ha de conservar la vida de vuestra Majestad, por muchos años todavía, y, por tanto, que a mi vuelta he de encontrarlo, por lo menos, en el mismo estado de salud en que lo dejé.

El rey hizo lo que pudo por disuadir a su heredero, pero este porfió tanto, que el rey tuvo que rendirse; y dispuso que acompañaran a su hijo tres criados antiguos y fieles y le entregó tres cargas de plata para los gastos del viaje.

Terminados los preparativos, dio su bendición al príncipe que partió a la aventura, pues nadie conocía el sitio en que se ocultaba el pájaro Malverde.

El príncipe y los criados anduvieron muchos días, hasta que por fin salieron del reino y una noche llegaron a una linda y pintoresca aldea. Allí hicieron alto y entraron en una buena posada donde fueron esmeradamente atendidos por el posadero y sus tres hijas, hermosas y atrayentes jóvenes.

Todos se sentaron en una mesa, y los viajeros, después de reponer sus fuerzas con una abundante y bien servida cena, siguieron en agradable y alegre charla, alternada con buena música y escogidos trozos de canto, en lo cual eran maestras las hijas del posadero.

Al acostarse el príncipe se dijo: —Mañana temprano me despediré de mis huéspedes y seguiré mi camino, debo encontrar cuanto antes al pájaro Malverde, cuyas plumas han de curar la dolencia de mi padre. Con esta intención se levantó de madrugada, pero al salir de su cuarto, se encontró con los ojos de la mayor de las niñas y sus buenos deseos se desvanecieron.

Todas las noches, cuando iba a recogerse, el príncipe decía: —Mañana si que me voy—, y todas las mañanas se sentía sin fuerzas para abandonar la posada, porque estaba perdidamente enamorado.

Poco a poco fue el príncipe olvidando a su padre. El amor que le tenía cambió de dueño, y por fin, antes de un año, se casó y despacho a los criados. Cuando estos llegaron a palacio, Guillermo, el segundo de los hijos del rey, dijo a su padre:

—¡Buen dar con mi hermano, que se haya quedado por allá! Yo iré a buscar el pájaro Malverde, si Vuestra Majestad me lo permite y me da su bendición.

—Hijo mío, respondió el rey, no te moverás de mi lado ¿Cómo he de dejarte salir cuando ya he perdido a mi hijo mayor?

—Señor, yo quiero que Vuestra Majestad recobre la vista y le ruego que no se oponga a mi partida. Yo le prometo no distraerme en mi camino y volver cuanto antes con el deseado remedio.

El rey insistía en que Guillermo no saliera de la corte; pero el príncipe era testarudo y, aunque con trabajo, venció la voluntad del soberano, quien le dio la bendición e hizo que su tesorero le entregara tres cargas de plata para los gastos que pudieran ofrecérsele.

Partió el príncipe montado en un hermoso caballo, acompañado de tres criados que conducían en otras tantas mulas las cargas de plata que el rey le había dado; y anduvieron muchos días, hasta que por fin pasaron a otro reino y llegaron a la misma aldea y descendieron a la puerta de la misma posada en la que había alojado su hermano y en la que vivía aún con su mujer.

Cuando Guillermo atravesaba la puerta de la posada, lo divisó Alberto y corrió a abrazarlo. Los dos tuvieron mucho gusto de verse y conversaron largamente. Guillermo contó a su hermano que su padre estaba muy enojado con él y le pidió que volviese a palacio con su mujer, que estaba seguro que sería perdonado, como también, que si no iba, lo desheredaría; que él seguiría en busca del pájaro Malverde y así nada se habría perdido. Alberto replicó que no se atrevía a presentarse ante su padre y que continuaría viviendo en el pueblo en compañía de la familia de su mujer.

Alberto no insistió y convidó a su hermano para la casa, en donde le presentó a su esposa, a su suegro y a sus cuñadas. Guillermo quedó sorprendido de la hermosura de la mayor de estas, una rubia hermosísima, de ojos azules.

Pasaron todos una tarde muy agradable y cuando se retiró a acostarse, Guillermo encargó a Alberto que lo hiciese despertar muy temprano, porque quería seguir su viaje en busca del pájaro Malverde.

Al día siguiente, al alba, sintió unos golpecitos en la puerta del dormitorio, y una voz que él ya conocía y que penetró dulcemente en su corazón, le preguntó si ya era tiempo de que le trajese el desayuno. Un rato después se servía, en compañía de la amable rubia, una rica taza de café, y entre palabras y palabras se fueron pasando las horas, llegando la del almuerzo sin que se acordase del pájaro Malverde.

Para abreviar, todas las noches Guillermo se retiraba a su dormitorio con la intención de continuar su viaje al otro día; pero en la mañana, la vista de su enamorada le hacia olvidar sus propósitos, y por fin, le sucedió lo que a su hermano Alberto, que se casó y se quedo viviendo en la casa de la posada, y poco a poco se fue borrando de su memoria el recuerdo de su padre y el objeto con que había partido de su lado.

Y pasaron los meses, unos tras otros, hasta completar el año, y viendo que sus hermanos no volvían, el príncipe Oscar, el menor de los tres, dijo a su padre:

—Si vuestra Majestad me diera permiso para salir, yo no sería tan ingrato como mis hermanos, volvería con el pájaro Malverde y Vuestra Majestad se vería libre de la enfermedad que lo aqueja.

El rey no quería dejarlo partir; pero Oscar, que no ignoraba que "quien porfía mucho alcanza, si antes no se cansa", majadereó al rey hasta que obtuvo el consentimiento. El rey le dio seis cargas de plata e hizo que lo acompañaran veinte grandes de la corte y mucha servidumbre.

Después de haber andado unas cuantas leguas, el príncipe dijo a los caballeros que iban con él:

—Aunque voy muy complacido de vosotros, yo no necesito de tanta compañía, ni veo para qué se han de sacrificar ustedes viajando por tierras desconocidas y por desiertos. Vuélvanse al lado de su familia y cuiden de mi padre.

Los nobles caballeros que amaban al príncipe por sus buenas cualidades no querían obedecerle, pero sus órdenes fueron terminantes y se vieron obligados a deshacer su camino.

Siguió avanzando el príncipe con sus criados hasta que llegó a la posada en que vivían sus hermanos. Estos le vieron inmediatamente y corrieron alborozados a abrazarlo. Dioles noticias de sus padres y les rogó que volviesen al lado de ellos, asegurándoles que serían perdonados.

Entraron a la casa y le presentaron a sus mujeres y a su cuñada, que era también una jovencita bellísima. Pasaron al comedor y después de comer y conversar un rato, el príncipe, pretextando cansancio, se retiró al dormitorio que le habían preparado. Al otro día se levantó muy de madrugada, despertó a sus criados, les ordenó que arreglasen los arreos y salieron sin despedirse de nadie.

Siguieron su camino sin rumbo fijo, confiando en Dios, y sin tomar más descanso que el indispensable para comer y dormir.

Viendo el príncipe que las cargas de plata que llevaba mas le servían de estorbo que para satisfacer gastos que no tenía, pues él y sus acompañantes se alimentaban de las frutas que encontraban en los campos, de la aves que cazaban y de los peces que les suministraban los ríos, y dormían bajo las carpas que llevaban consigo, resolvió repartir el dinero en limosnas, socorriendo a personas verdaderamente necesitadas; y tan bien lo hizo, que al poco tiempo no le quedaban sino dos cargas.

Entonces dijo a sus criados: —Tomen, para ustedes una de las cargas y vuélvanse al reino de mi padre, yo puedo continuar solo sin molestarlos. Así lo hicieron, y él siguió en su mula con la otra carga de plata, andando y andando, sin rumbo fijo, día y noche, repartiendo limosnas por donde pasaba.

Una ocasión se le hizo tarde en medio de un bosque en que no se veía ni camino ni senda, de modo que no sabía cómo salir de él ni dónde descansar. Subiose a un árbol y divisó a lo lejos unas luces, y creyendo que sería alguna choza, se dirigió allá para solicitar albergue. Cuando se acercaba, vio que las luces provenían de cuatro velas que alumbraban un cadáver completamente abandonado en medio de un camino.

—Pobre, dijo el príncipe, que no tienes a nadie que encomiende tu alma a Dios ni que te cuide—. Y quitándose respetuosamente el sombrero, murmuró unas oraciones y continuó su interrumpida marcha hasta llegar a una pequeña aldea a corta distancia. El príncipe detuvo a la primera persona que encontró en la calle y le preguntó por qué habían dejado solo a aquel muerto, abandonándolo tan despiadadamente, y le respondieron que la razón era porque había fallecido dejando una deuda cuantiosa, y, según las leyes del país, mientras alguien no la pagara, no podía ser sepultado. Aunque la hora era avanzada, el príncipe hizo buscar al acreedor, pagole hasta el último centavo y dispuso que el cadáver fuese trasladado a la Iglesia, donde al otro día se celebraron solemnes exequias en su honor.

Tres días había andado después de esta aventura sin tropezar con nadie, cuando en un momento en que iba triste y pensativo recordando a su anciano padre, se cruzó con un negro. El príncipe le dijo:

—Negrito, ¿qué haces por estos sitios tan solos?

—Buscando trabajo patroncito, y su merced, ¿qué hace por aquí?

—Ando desde hace mucho tiempo tras el pájaro Malverde, sin encontrar hasta ahora la menor noticia de él.

—Yo sé donde está ese famoso pájaro: ¿quiere que lo acompañe mi amito?

—Oh! ya lo creo, y te pagaré muy bien.

—No quiero paga mi amito, solo deseo servirlo sin ningún interés.

Pónense en marcha y, andando y andando, llegan a una gran ciudad.

—Mi amito, en aquel palacio es donde está el pájaro Malverde. Diez mil soldados lo rodean día y noche y mientras cinco mil duermen, cinco mil están despiertos Pero no tenga cuidado: poniéndose este gorrito de virtud, no será visto mientras cumpla mis recomendaciones Pase por entre los soldados hasta llegar a un salón de cuyo centro cuelga una jaula de oro con el pájaro Malverde, abre la puerta de la jaula y se viene donde su negro, dejando la jaula abierta en el mismo lugar en que la encuentre, no la tome por nada del mundo, porque se perderá.

Siguió el príncipe estos consejos hasta llegar al salón, sin ser visto ni sentido; pero cuando vio la jaula con el pájaro Malverde, sintió un gusto tan grande que se transtornó, y olvidando el encargo del negro, en vez de abrir la jaula, la tomó para salir con ella: pero no hizo más que descolgarla y el pájaro se puso a gritar con voz desaforada:

—¡Guardia!, ¡Guardia! ¡Que me roban! ¡Que me llevan!

El príncipe dejó de ser invisible, fue tomado preso, y con las manos atadas, conducido a presencia del rey.

Interrogado por este, el príncipe contó su historia, y el rey le dijo:

—¡Oh, príncipe! tu osadía merece la pena de muerte, pero te perdono la vida si me das palabra de ir al reino vecino y traerme el "Caballo de las Campanillas", que allá me tienen prisionero; y si sales bien en tu empresa, tuyo será el pájaro Malverde.

El príncipe empeñó su palabra y fue dejado en libertad. Al salir se encontró con el negro.

—Amito, ¿por qué no hizo lo que le aconsejé?

—Negrito, temí que el pájaro se fuera si le abría la puerta.

—Si usted no hace lo que le digo se va a perder

Siguieron andando y andando por muchos días, hasta que por fin entraron al reino vecino. Entonces el negro le dijo:

—El caballo de las campanillas está en una sala situada en el centro de aquél palacio, cuidado por diez mil soldados de los que cinco mil velan mientras los otros cinco mil duermen, póngase el gorrito de virtud y pase por entre los soldados, que no será visto por ellos mientras haga lo que yo le diga; llega al salón, le saca la brida al caballo y el caballo lo seguirá y podrán salir sin ser vistos ni sentidos. Yo los espero aquí.

Entró el príncipe sin ser notado y llegó al gran salón. Allí estaba el caballo, el animal mas hermoso que darse pueda, saltando relinchando, revolcándose sobre una riquísima alfombra. Al verlo, con el gusto se olvidó el príncipe de los consejos del negro, y tomando al caballo de las riendas, lo arrastro tras de sí. Pero al primer paso que dio el príncipe para salir de la sala, el caballo se sacudió y se sintió un ruido infernal, como si pendieran cien mil campanillas de su cuerpo.

El príncipe dejó de ser invisible, y tomado preso y con las manos atadas fue llevado a presencia del rey, al cual tuvo que contarle nuevamente su historia. Cuando terminó, el rey le dijo:

—¡Oh, príncipe! tu atrevimiento merece la muerte, pero te perdono la vida si me das la palabra de arrebatarle al rey vecino una princesa que hace diez años me tomó prisionera, cuando apenas contaba cinco años de edad, y si sales bien en esta empresa, tuyo será el caballo de las campanillas.

El príncipe comprometió su palabra y fue dejado en libertad. A la salida lo esperaba el negro.

—Mi amito, ¿por qué no sigue las recomendaciones que le hago? ¿Hasta cuando sufre y me hace sufrir a mí?

Emprendieron su camino y por fin llegaron a la capital del reino vecino. El negro dijo:

—En el centro de ese gran palacio hay una gran sala custodiada por diez mil soldados, de los que cinco mil están despiertos mientras los otros cinco mil duermen; pero no tenga miedo, póngase el gorrito de virtud y no lo verán ni lo sentirán mientra siga mis recomendaciones. En la sala hay tres filas de camas, en cada una de las que duerme una princesa prisionera. Fíjese bien en lo que le digo, porque si se equivoca perderá la vida. Entre por la puerta del fondo y se coloca frente a la segunda hilera de camas, y va tocando los pies a cada una de las princesas de esa fila, y cuando llegue a una que tenga los pies fríos, la saca de la cama como esté, se la echa al hombro y sale con ella a cuestas sin prestar atención a lo que le diga. No olvide ninguno de estos puntos, le repetía el negro con lágrimas en los ojos, mire amito que el asunto es serio y en ello le va la vida.

Hizo el príncipe todo cuanto el negro le había dicho, y cuando llegó a la cama en que tocó unos pies fríos, sacó a la princesa que en ella dormía, se la echó al hombro y salió con ella a cuestas sin hacer caso de sus gritos: —¡No me lleve así! ¡Déjeme vestirme antes que me voy a resfriar!— y así atravesó por entre los diez mil soldados, sin que éstos vieran ni oyeran nada.

Llegó el príncipe con su preciosa carga afuera de la ciudad y allí lo esperaba el negro con riquísimas ropas para la princesa.

—¡Por fin, mi amito, me obedeció! Ya llevamos andada la tercera parte del camino, la parte más difícil. Vamos ahora donde el rey padre de la princesa.

Fácilmente se inferirá cuan grande sería la dicha del monarca al volver a ver a su hija, que hacía tanto tiempo que había sido apartada de su lado. El rey decretó grandes fiestas públicas y en palacio hubo bailes y banquetes del que fue héroe nuestro príncipe.

Cuando terminaron la fiestas, el negro le dijo a su amo: —Mañana va usted a despedirse del rey y el rey le dirá que le pida la gracia que quiera, que él se la concederá, y entonces usted le ruega que le permita dar tres vueltas en el caballo de las campañillas alrededor de la plaza del palacio, con la princesa a la grupa: el rey accederá al pedido; usted dará dos vueltas completas y así que vaya en la mitad, de la tercera, le dice al caballo, en voz muy baja, a la oreja izquierda: —"Caballito, vuela como el viento"—, y el caballo volará tan ligero que nadie lo verá, y vendrá a bajarse en un sitio en que yo los estaré esperando.

Al otro día el príncipe pidió permiso al rey para partir, y el rey en presencia de la corte le dijo:

—¡Oh, príncipe, tú me has devuelto la felicidad trayéndome a mi hija! Justo es que premie tan grande servicio. Pide lo que quieras, que inmediatamente te será concedido.

EL príncipe se prosternó ante el rey, y repuso:

—¡Oh, rey excelso y fuerte! aunque yo quedo bien recompensado con la entrega del caballo de las campanillas, desearía antes de partir, dar tres vueltas a la plaza montado en él, llevando a la grupa a la princesa que arrebaté de las manos del rey vuestro enemigo. Quiero llevar este recuerdo de vuestra augusta bondad.

El rey ordeno que sacasen el caballo a la plaza, y una vez que el príncipe lo cabalgó, fue colocada la princesa a la grupa. Partió el caballo en presencia del rey, de la corte y de numeroso público, pasó majestuoso, y todos alababan el buen porte del príncipe y la hermosura de la princesa, y se decían unos a otros: "¡Qué linda pareja! ¿Por qué no se casaran?" Cuando ven que de repente el caballo con sus jinetes se eleva por los aires y en un instante se pierden de vista. La alegría que un momento antes se pintaba en todos los semblantes, tornose, en un segundo, en la más acerba tristeza. Ni el rey ni nadie sabían que el caballo de las campanillas tenía la virtud de volar.

Poco después descendió el caballo con sus jinetes cerca del palacio en que moraba el rey dueño del pájaro Malverde, y allí los esperaba el negro.

—Vamos, dijo el negro, a entregar el caballo al rey—, y se dirigieron al palacio.

El rey se manifestó muy contento y agradecido del príncipe por la devolución del noble animal, e hizo dar un suntuoso baile en honor de sus huéspedes. Terminada la fiesta, el negro dijo al príncipe:

—Mañana, cuando se despida del rey, el rey le rogará que solicite la gracia que quiera, usted le suplicará que le permita dar tres vueltas alrededor de la plaza del palacio, montado en el caballo de las campanillas, con la princesa a la grupa y llevando la jaula con el pájaro Malverde. El rey accederá, y entonces, antes de terminar la tercera vuelta, le dice usted al caballo con voz muy queda: "Vuela caballito como el viento"—, y, como la otra vez, el caballo se perderá en los aires a la vista de todos y bajará en un sitio en que yo los estaré esperando.

Al día siguiente fue el príncipe a despedirse del rey, y el rey le rogó que no se fuese tan pronto, pero el príncipe, prosternándose ante él, le habló de esta manera:

—¡Oh monarca grande y poderoso! bien quisiera gozar de vuestra amable hospitalidad por algunos días más, pero ansío ver a mi padre y curarle de su enfermedad, os ruego, pues, que me deis vuestro permiso para retirarme.

Respondió el rey:

—Razón os hallo, joven príncipe, para desear volver cuanto antes a vuestra patria y alabo vuestro amor filial; pero antes que partáis quiero concederos una gracia en premio del servicio que me habéis hecho; pedidme lo que queráis y os será otorgado.

Postrose nuevamente el príncipe y dijo:

—Oh rey magnánimo desearía satisfacer un capricho de mi compañera. ¿Podría contar con el consentimiento de Vuestra Majestad?

—Hablad príncipe, sin temor.

Pues bien, ella desea que antes de partir demos tres vueltas a la plaza del palacio, montados en el caballo de las campanillas, llevando la jaula de oro con el pájaro Malverde.

—Concedido.

Y sucedió lo que en la aventura anterior, que antes de terminar la tercera vuelta, el caballo con sus jinetes y el pájaro Malverde, ante los ojos atónitos del rey, de los grandes de la corte y de todo el pueblo, se elevó repentinamente por los aires y en un instante se perdió de vista. Ni el rey ni nadie sabían que el caballo tenía la virtud de volar.

Pasemos por alto los comentarios a que este hecho dio lugar, para seguir a nuestro héroe. Bajó del caballo a la entrada de la aldea en que vivían sus hermanos, en un sitio en que el negro lo esperaba. El rostro del negro acusaba suma tristeza. —Mi amito, le dijo al príncipe, ya hemos terminado la segunda jornada; la tercera le corresponde hacerla a usted solo, yo hasta aquí no más lo acompaño; regrese al palacio del rey su padre a darle vista, y a nadie le cuente nada de lo que ha pasado hasta que el rey esté completamente sano. Yo me voy; pero si se viese en algún apuro, diga: "Acuérdate de mi, negrito", y yo acudiré en su socorro.

El príncipe, muy afligido, le contestó: —No negrito, no te vayas, ven conmigo al palacio de mi padre; allí vivirás rodeado del cariño de todos y serás mi compañero y amigo.

La princesa unió sus ruegos a los del príncipe, pero todo fue inútil; el negrito contestaba: —"no, no puede ser, debo irme"— Y se despidió llorando.

Pocos momentos después llegaba el príncipe a casa de sus hermanos, que manifestaron grande alegría de verle sano y salvo, acompañado de una princesa tan linda, tan bien montado, y dueño del pájaro Malverde. Pero, en verdad, la alegría era fingida, porque se los comía la envidia.

Después de la comida le rogaron que les refiriese sus aventuras, pero el príncipe les pidió que lo disculparan, que había hecho la promesa de no contar nada hasta no estar en presencia de su padre y este completamente curado de la vista.

El príncipe Oscar y la princesa se retiraron a los dormitorios que les habían preparado, y tan pronto como Alberto y Guillermo se aseguraron de que sus alojados se habían quedado dormidos, se pusieron de acuerdo para robar a Oscar el pájaro Malverde.

Al otro día el príncipe Oscar y la princesa fueron a despedirse, pero Alberto y Guillermo les dijeron que ellos los acompañarían, que querían gozar de su triunfo y ver a su padre sano de su enfermedad. Partieron los tres, acompañados de la princesa que iba a la grupa del caballo maravilloso, que montaba el príncipe Oscar, y llevando consigo, por supuesto, el pájaro Malverde en su jaula de oro.

Hacia el mediodía entraron en un lugar desierto. Hacía un calor sofocante, la princesa se quejaba de sed y por el mismo motivo los caballos y el pájaro Malverde estaban tristes y no comían.

Llegaron casualmente cerca de una noria. El príncipe Alberto, que llevaba un lazo, propuso que lo bajaran amarrado de la cintura para sacar agua. Lo bajaron, pero apenas había descendido unos cuantos metros, gritó que lo subieran, que sentía un calor insoportable. Subieron al príncipe Alberto y bajaron entonces al príncipe Guillermo, pero este halló que hacia mucho frío y tuvieron que sacarlo. Entonces bajaron al príncipe Oscar y este les mandó agua en un tiesto que había llevado con él. Apagaron toda su sed; y en vez de subir al príncipe, Alberto y Guillermo cortaron el lazo y dejaron a su hermano dentro del pozo.

Tres días después entraban los príncipes Alberto y Guillermo a la corte del rey, su padre, que dispuso grandes regocijos y fiestas para celebrar la llegada de sus hijos mayores, pero el anciano monarca, en medio de la alegría general, seguía triste porque no tenia noticias del príncipe Oscar, de quien dijeron sus hermanos que ni siquiera le habían visto. Temía el rey que al príncipe le hubiese ocurrido una desgracia y pensaba si quizás la muerte lo hubiera sorprendido en el camino después de haber despachado a sus servidores.

La reina, los caballeros, las damas, admiraban la hermosura de la princesa que, muda, enferma, dominada por el dolor que le había ocasionado el crimen cometido contra el príncipe Oscar, ni aún se apercibía de la atención que atraía su persona. Y hasta el caballo, con la cabeza y las orejas gachas, y el pájaro Malverde, con los ojos cerrados, las alas caídas y las plumas descoloridas y sin brillo, parecían participar del mismo dolor.

En medio de la fiesta el príncipe Alberto contó una historia inventada por él, en que él y su hermano Guillermo se atribuían la conquista del pájaro Malverde. Terminada la fábula, arrancó una pluma al pájaro y se la pasó por los ojos a su padre.

—¿Ve algo padre?, le preguntó.

—Nada hijo, absolutamente nada, mis ojos siguen envueltos en la oscuridad.

Le arrancó otra pluma y volvió a pasarla por los ojos del viejo rey, que, a su contacto, lanzo un grito de dolor y pidió a su hijo que no repitiese la prueba para devolverle la vista, y ordenó que sacaran al pájaro de allí. Tomó la jaula la princesa y, sin que la notaran, se retiró con ella de la sala.

Dejemos al rey ensimismado en sus tristes pensamientos, y a los príncipes, que no por su fracaso se desconcertaron, siguiendo en el baile, para volver donde el príncipe Oscar.

Tres días hacía que estaba en la noria agarrado a unas toscas, transido de frío y muriéndose de hambre, cuando de pronto le vino a la memoria la promesa que le hizo el negro al separarse, y exclamó:

—"Acuérdate de mi, negrito"—. En el mismo instante oyó la voz del negro que desde la boca de la noria le decía: —"Qué hace allí, mi amito; le pasó lo que tenía que pasarle, pero no tenga cuidado, que su negro lo sacará de apuros"—. Y le tiró una cuerda con que lo enlazó de la cintura, e izándola, en un momento lo tuvo a su lado.

Contole al negro al príncipe todo lo que sus hermanos habían hecho desde que lo dejaron abandonado, para que muriera dentro de la noria, y le agregó: —Yo lo llevaré hasta la puerta del rey su padre; entra usted, y, después de saludar al rey y la reina, pide que le traigan una palangana de oro con agua y al pájaro Malverde en su jaula; abre la puerta de la jaula y el pájaro saldrá al punto e irá a bañarse en la palangana, y mientras se baña, se le caerá un plumoncito suave como la seda, lo toma usted y lo pasa tres veces por los ojos del rey, que, a la primera vez distinguirá una pequeña claridad; a la segunda distinguirá a las personas como bultos, y a la tercera verá tan bien como el hombre de mejor vista.

Dicho esto, tomó al príncipe sobre sus hombros y en un abrir y cerrar de ojos lo dejo en la puerta del palacio. El príncipe le dijo:

—¡Ay, negrito! ¿Cómo retribuiré tus grandes servicios? No aceptas ni siquiera el ofrecimiento de quedarte conmigo. ¿Seguiré siendo siempre tu deudor?

—No señor, le contestó el negro, que a medida que hablaba se iba transformando en un hermosísimo joven, no señor, el deudor he sido yo. Yo soy aquel muerto que encontró usted abandonado velándose en el camino, a la salida del bosque, cuyas deudas pagó y cuyos funerales costeó, sin lo cual no habría podido entrar a los cielos. A ellos subo en este momento, pues solo me detenía en la tierra el deseo de liberarle a usted de todos los peligros que habrían de presentársele hasta este instante, para lo cual había obtenido permiso de Dios. Sus sufrimientos ya han terminado. ¡Hasta que nos veamos en el cielo!

Y dicho esto desapareció en un nimbo de gloria. El príncipe se prosterno en la tierra, adoró a Dios y bendijo su infinita bondad.

Entró enseguida a palacio, en donde todavía duraban las fiestas, se inclinó ante sus padres y les habló en los siguientes términos:

¡Oh padres míos muy amados! Dios, en su gran misericordia, me ha conducido de la mano, y después de librarme de mil peligros, permitió que pudiese ampararme del pájaro Malverde, fin y único objeto de mi viaje. Heme aquí, contento y dichoso, dando por bien aprovechado los trabajos, fatigas y penurias que he sufrido, porque ahora podré curar a mi padre de su mortificante ceguera.

Todos los presentes se quedaron mudos y miraban a los príncipes Alberto y Guillermo, que, sobrecogidos de estupor ante la aparición de su hermano, a quien suponían muerto, no sabían como huir.

Se dirigió el príncipe Oscar a uno de los grandes de la corte que estaba cerca de él, y le pidió que le trajese una palangana de oro con agua y la jaula con el pájaro Malverde. Salió el noble para volver un rato después con la palangana de agua y con la noticia de que nadie sabía donde estaba el pájaro Malverde: pero en el mismo momento se abrió la puerta y apareció la princesa, hermosa como nunca, alegre y risueña, llevando la jaula de oro con el pájaro Malverde; cuyas plumas, como por encanto, habían recobrado todo su brillo y esplendor.

Abrió el príncipe la puerta de la jaula y el pájaro salió cantando y se metió en la palangana, zabulléndose y sacudiendo sus alas. De debajo de una de ellas cayósele un pulmoncito que tomó el príncipe, el que, subiendo las gradas del trono, lo pasó sobre los ojos apagados de su padre.

—¿Ve algo, padre?— preguntó el príncipe.

—Sí, hijo querido, veo una pequeña claridad: Pasole el plumoncito por segunda vez.

—¿Ve más, padre?

—Si, hijo querido, distingo unos bultos que se mueven.

Volvió a pásale el plumoncito por tercera vez, y el rey dio un grito de suprema alegría: sus ojos, abiertos y vivos como los de un joven sano, veían perfectamente todo lo que le rodeaba.

Se bajó el rey del trono y estrechó al príncipe entre sus brazos. La reina y todos los presentes lloraban de contento y de emoción.

—Tus hermanos me han engañado miserablemente, dijo el rey a Oscar. Dios te premiará el bien que me has hecho, mientras yo, de algún modo, pago tus servicios.

Pero antes cuéntanos, hijo, tus aventuras.

Y el príncipe, en medio del mayor silencio, refirió cuánto le había sucedido desde su salida de palacio, suprimiendo el acto criminal que con él habían cometido sus hermanos, atribuyendo su caída a la noria a una distracción de su parte. Pero el pájaro Malverde dijo toda la verdad.

El rey, irritado de la perversa conducta de sus hijos mayores, los hizo prender y ordenó que los encerraran para siempre en un calabozo, pero la reina, la princesa y el príncipe Oscar intercedieron por ellos y el rey los perdonó con la condición de que salieran inmediatamente de sus estados.

El rey dispuso que en el acto se casara el príncipe Oscar con la princesa. Terminada la ceremonia, los novios pidieron permiso para ausentarse por un día mientras iban a hacerle una visita al rey padre de la princesa. Acordado el permiso, hizo llevar el príncipe el caballo maravilloso a la plaza del palacio y subiendo en él con la princesa a la grupa, se inclinó y le dijo a la oreja con voz muy baja: —"Vuela caballito, como el viento"—, y el caballo se elevó majestuosamente por los aires ante las miradas estupefactas de los reyes, de los señores y damas de la corte y del pueblo todo.

Al día siguiente regresaron de su visita, dejando al padre de la princesa, que hasta poco antes lloraba la pérdida de su hija, lleno de alborozo de verla feliz y contenta.

El rey abdicó en favor del príncipe Oscar, que fue modelo de reyes, de esposos y de padres, y vivió largos años, siempre amado y venerado de su pueblo.

Y el caballo y el pájaro Malverde siguieron siendo las delicias de todos.

INTERPRETACIÓN

UN MUNDO FELIZ

Como tantos otros cuentos de su mismo género, este comienza describiendo una situación histórica ideal: un reino acompañado siempre de *buena fortuna y de felicidad* gobernado por un monarca prudente y sabio.

Cabe anotar de inmediato que una situación similar se describe al final del cuento, cuando el desenlace de la intrincada historia acaecida parece reproducir en términos globales ese mismo cuadro, de un orden social ideal regido por un soberano de probada virtud, que entonces no será ya el anciano monarca que sufrió temporalmente la ceguera, sino el hijo menor de este, el héroe triunfante, su verdadero sucesor y heredero.

Ahora bien, por el tenor de la historia relatada, se está en condiciones de entender desde ya, que la primera descripción del orden con que se inicia el cuento, es solo la apariencia convencional de un orden verdadero en que el advenimiento de la desgracia (la ceguera del rey), desarticulará a la manera de un juicio, en el sentido bíblico de la palabra, que pondrá en evidencia lo que había en el corazón de cada uno de los personajes.

El proceso de la historia será el camino por el que las fuerzas de la luz vencerán a las fuerzas tenebrosas, de manera que la segunda descripción sea la de un verdadero orden donde la virtud obtiene recompensa y triunfa la justicia.

En lo que concierne a la primera descripción, que se calificó de *apariencia convencional* de un orden verdadero, se entenderá, por la desgracia que cae sobre la familia real, que corresponde a un estancamiento espiritual, remedo letárgico de la verdadera paz. La fuerza del espíritu que da la vida, que da sentido y vigor a la existencia, se ha desvanecido. Las instituciones, la monarquía misma, la sucesión por mayorazgo, la piedad filial, los códigos de la caballería, la virtud de la casta gobernante, la sabiduría de los sabios, todo aquello existe solo como apariencia y resto de un pasado.

EL OCULTAMIENTO DE LA LUZ

Se entiende fácilmente en este contexto que la ceguera del rey, como ya se dijo, simboliza la pérdida de la sabiduría, lo que se traduce en la incapacidad del conductor de hombres para discernir lo que realmente ocurre en su reino. Incapacidad para apreciar, por ejemplo, la real idoneidad de sus colaboradores o la valía moral de sus propios hijos. Él cree en la sabiduría de sus sabios y no sospecha que el prestigio de que gozan es puramente nominal, él cree que sus hijos lo aman y lo respetan. Atrapado en las convenciones de una existencia puramente protocolar, se ha vuelto insensible, perdiendo esa facultad que los antiguos tanto estimaban en un rey, vale decir, su capacidad para conocer a los hombres.

De ahí el nombre del cuento, o del pájaro con cuya pluma se cura la ceguera del monarca: *Malverde*, el que, cambiando el orden de sus silabas, alude secretamente a un *Mal-de-ver*, o enfermedad de la vista que más que al ojo orgánico, afecta al del espíritu que ya no puede o no quiere ver el verdadero sentido del acontecer.

LA ANCIANA PORDIOSERA

La intervención de los médicos y sabios del reino, que no da resultado y que termina en la opinión unánime de que la enfermedad es incurable, queda espontáneamente confrontada con la de la anciana pordiosera a quien es revelado el secreto de la curación y metafóricamente, el de la naturaleza del *Mal-de-ver*. Esta anciana simboliza, en primer lugar, el estado de miseria en que vive un sector del pueblo, lo que de inmediato pone de manifiesto la incompatibilidad, que surge entre este súbito descubrimiento y la imagen de un reinado feliz y justo que se pretendió mostrar al inicio del cuento. En segundo lugar cabe considerar el modo cómo el secreto de la curación (y veladamente, el de la naturaleza de la enfermedad) le es revelado, vale decir, por medio de una especie de *rapto extático* o sueño inspirado, fenómeno que acusa en el personaje una cualidad excepcional.

En la variante titulada *Los tres lirios*, el secreto de la curación es revelado al monarca mismo a través de un sueño, lo que nos retrotrae a las remotas épocas en que los reyes recibían revelaciones trascendentes sobre la vida del pueblo, el destino del reino y su propia persona. El hecho de que en el cuento que nos ocupa ese facultad la posea la anciana pobre, el último ser de la escala social, acusa una intención precisa, pues este ser insignificante aparece en el relato justamente para decirnos cuál es la naturaleza de ese estancamiento espiritual que sufre todo el reino, convencionalmente descrito como *próspero y feliz*. Por ella entendemos que la sabiduría que se maneja en palacio no es la sabiduría. Agotada en las altas esferas, ahora se alumbra en la inteligencia de los seres humildes de la sociedad. Tal es el significado de esa dama misteriosa que revela a la anciana el secreto y le ordena ir a palacio, pues ese personaje no es otra cosa sino un símbolo de esa sabiduría que ya no asiste al monarca.

En lo concerniente a la anciana misma, se transparenta en ella un cierto *carácter* o autoridad maternal. Algo semejante a lo que ocurre en ese pasaje del Génesis en que Sara, esposa de Abraham, anciana, estéril y sin esperanza, concibe a Isaac. Cabe anotar asimismo que en posesión del secreto, ella realiza un acto en extremo temerario dada su pobre condición: ir a palacio, enfrentar a la guardia e insistir hasta lograr del rey lo que para ella parecía imposible, una audiencia. Se advierte también que su coraje emana del carácter sobrenatural de la revelación que ha recibido, lo que le confiere un poder de decisión, una seguridad y una autoridad que supera por mucho los límites de su humilde condición.

Aunque en el contexto de la narrativa popular no deba sorprendernos, no puede por otra parte evitarse la sorpresa que causa el hecho de que nadie exija una explicación sobre el enigmático suceso relatado por la anciana, ni sobre el remedio propuesto por la dama misteriosa, ni siquiera sobre la identidad de este ser *trascendente*. Así, lo comunicado por la anciana al rey en presencia de sus hijos y de los grandes de la corte, aparece planteado como la *verdad*, la que una vez anunciada es aceptada como tal, sin dudas ni aclaraciones. Y esto, porque si el cuento tiene una factura metafísica y por tanto, una estructura profunda de contenido espiritual, está concebido en un lenguaje perteneciente a una *cultura*, en que las metáforas son parte de su forma de pensamiento, de manera que el sentido trascendente del relato es entendido sin racionalización.

Finalmente la desaparición de la anciana del resto del relato acentúa lo insólito de la intervención del más allá en los asuntos humanos.

LOS FALSOS HÉROES

Los episodios siguientes en que los hijos del rey, los príncipes Alberto y Guillermo, se ofrecen para realizar la proeza de salir a buscar al pájaro Malverde, como se ve por el contexto del relato y por fuentes históricas alusivas a situaciones similares, describen diálogos concebidos con el propósito de destacar la piedad filial y el amor paternal, los que corresponden a una cierta etiqueta cortesana en la que se estila actuar de ese modo en situaciones tales. Sabemos que los príncipes Alberto y Guillermo no aman a su padre y lo único que persiguen, proponiéndose para buscar el remedio a su ceguera, es ganar prestigio y ciertamente heredar el trono en vida del soberano, pues así lo sugiere el *premio* ganado al fin por el héroe triunfante, que sube al trono por abdicación de su antecesor. (En la variante *La flor Lililá*, el rey ofrece la mitad de su reino al que encuentre la flor de virtud que puede curar su dolencia).

Incluso la negativa del rey a que sus hijos corran el riesgo de la aventura por venir es también una forma de etiqueta cortesana. El rey sabe que solo un héroe puede hallar al pájaro Malverde, y él confía en que su heredero, su *campeón*, es un héroe, e incluso desea que este salga en busca del precioso remedio que puede poner fin a su desgracia, pero conforme a las convenciones debe decir lo contrario y fingir un temor y un pesar que no siente. Por su parte, el príncipe Alberto se cree un héroe, ya que sin pedir definiciones ni aclaraciones, de inmediato manifiesta su decisión de embarcarse en la empresa, racionalmente absurda, de buscar un objeto de virtud cuya identidad y paradero se desconocen, al igual que ese Santo Grial de los caballeros de la Mesa Redonda. De manera que esta búsqueda del pájaro Malverde, por su analogía con el Grial céltico, se vuelve un prototipo de aventura caballeresca.

Además, en la misma presunción del príncipe Alberto se ve la mera apariencia de esa justicia y de esa sabiduría con que se pretende caracterizar la vida del reino, pues él carece de las virtudes que le harían posible realizar la proeza, pero cree tenerlas, porque oficialmente las tiene para todos los que están dispuestos a reconocerlo como el futuro rey, y aún más, él espera poder usar ese prestigio para su beneficio personal.

LA TENTACIÓN

El episodio de la partida de los príncipes, su llegada a la posada, el olvido de su misión y la caída en un estado inferior de vida, constituye una herencia de la narrativa caballeresca. Recuérdese al respecto la actuación del tentador en el ciclo de novelas del rey Arturo, particularmente las tentaciones de Perceval y Galaad, en su búsqueda del Grial, o la tentación del caballero Tannhäuser y otros episodios similares, en los que lo característico es la acción del demonio, proponiendo al héroe una seducción de carácter erótico suficientemente eficaz para alienar su espíritu y desviarlo del camino. Pero la importancia de estas tentaciones y el poder que los narradores medioevales les conceden, emana del carácter que el mundo caballeresco atribuyó a lo que entonces se llamó *buen amor* o *vero amor*, manifestado en el culto a la dama, lo que comportaba un juramento de servicio y fidelidad, un voto de purificación, un imperativo de perfección moral en el cumplimiento de su deber de estado, y la clásica *alegría de amar* (joie d'aimer). Se oponía a este amor *verdadero* el falso amor, vale decir, el erotismo, cuya tónica eran la pasión, el delirio y la sensualidad, cosas que el tentador sabía manejar con admirable destreza para el logro de sus propósitos (considerar, al respecto, el carácter aleccionador que se advierte en el poema de Tristán e Isolda).

En el cuento que nos ocupa, el tentador, que es Satanás, aparece, o se esconde mejor dicho, tras la figura del posadero, del que nada se dice y cuya presencia se insinúa casi como una sombra.

En lo que concierne a sus hijas, en el estilo característico de las novelas de caballería, no serían sino espíritus materializados por el tentador, destinados a convertirse en los respectivos obstáculos de cada uno de los príncipes. Algo de eso se entrevé al final del cuento cuando todos parten de regreso a la corte y nada se dice del lazo matrimonial contraído por los príncipes Alberto y Guillermo con la mayor y la mediana de las hijas del posadero, lazo del que se desprenden como si nunca hubiese existido. Pero la no recurrencia del narrador popular a ese mundo tan excesivamente mágico se entiende a la luz de todo lo dicho acerca del aristocrático *buen amor* medioeval y su carácter místico, como corresponde a la cosmovisión de la caballería en los siglos XII y XIII, muy proclive a relacionarse con el mundo invisible, en lo que debe verse un *refinamiento* del espíritu frente al realismo burgués y popular.

Por otra parte es notoria la discreción del narrador popular en lo concerniente a la verdadera relación que hubo entre los hermanos del príncipe Oscar y las hijas mayores del posadero, aunque algunas maneras de decir, como por ejemplo, que cada mañana se sentían ellos sin fuerza para levantarse y salir a continuar su búsqueda, lo insinúa, no sin un leve toque de humor. Pero el narrador de *Los tres lirios* se refiere a la tentación de un modo más explícito. Dice que las *niñas* al divisar al primogénito desde el balcón de una casa en que se hallaban mirando para la calle, se dijeron unas a otras: "ahí viene un zorzalito muy emplumado, vamos a desplumarlo". Explica además que eran muy aficionadas al lujo y al buen vivir, aunque ambos narradores dicen que los príncipes contrajeron matrimonio con ellas...

La situación desmedrada en que quedaron al traicionar a su padre es particularmente aflictiva en esta variante, pues se dice que, habiendo consumido toda su fortuna para complacer a sus esposas, se emplearon como palafreneros, con lo que el relato se vincula vagamente con la parábola del hijo prodigo, pero sin arrepentimiento ni perdón.

En la variante titulada *La flor Lililá*, la caída de los hermanos mayores del héroe no se relaciona con nada erótico, sino que procede del orgullo. La anciana que en *El pájaro Malverde* aparece al principio, surge en esta variante en medio del relato, pero no como una pordiosera a quien le es concedida la especial gracia de conocer por revelación la naturaleza del mal que padece el rey y su remedio, sino como un hada cuya identidad se esconde tras las apariencia de la anciana y a quien los hermanos del héroe desprecian con arrogancia, olvidando que en tales trances suelen ser precisamente personajes de humilde apariencia los que traen las verdaderas noticias y muestran el camino, cegados como están por la ambición de ganar para sí la mitad del reino, con el pretendido mérito de cumplir su proeza por su propio y exclusivo esfuerzo personal.

Asimismo es de la esencia de la narrativa caballeresca el contraste que el narrador de *El pájaro Malverde* quiere destacar entre la actitud de los hermanos mayores y la del menor frente a la supuesta necesidad de contar con el auxilio de grandes sumas de dinero y acompañamiento de servidores para hallar al ave maravillosa, con lo que los príncipes Alberto y Guillermo demuestran su incapacidad para comprender el sentido trascendente de la aventura que emprenden, pues constituye como un precepto del comportamiento caballeresco el saber entregarse a la fuerza conductora de la Providencia que secretamente lleva al caballero donde quiere ir, a la manera de un *Juicio de Dios*, sin el auxilio de ningún poder de este mundo, amparado solo por un acto de fe fundamental y la necesaria sabiduría para discernir el significado de los hechos que ocurrirán ante sus ojos en el desarrollo de la aventura.

EL HÉROE ELEGIDO

El príncipe Oscar, sin mediar explicación sobre la naturaleza del objeto buscado, demuestra con su comportamiento que conoce el secreto de la aventura que deberá correr, al rechazar toda la ayuda que se le ofrece en dinero y armas. Además la comprensión de la verdadera naturaleza de la aventura va acompañada en él de la fortaleza necesaria para resistir la acción del tentador.

Además cabe hacer notar que el hecho de ser el príncipe Oscar el menor de los príncipes, constituye otra forma de reversión del orden establecido.

La partida del príncipe de la posada hacia el destino que le espera, inicia un nuevo ciclo del relato, en el que el carácter iniciático del cuento es patente. Se trata del héroe que marcha al encuentro del espíritu, vale decir, de su propia identidad, a través de una aventura cuyo sentido más profundo concierne a su persona, aunque aparezca como parte de un historial que concierne al destino de todo el reino.

UNA MUERTE SIMBÓLICA

Considerado todo el episodio hasta la vuelta del joven príncipe a la posada en posesión del pájaro Malverde, la simbología del relato debe entenderse así: el bosque oscuro, la pérdida del camino y el hallazgo del difunto insepulto, representan el paso de una forma de vida a otra. Particularmente la pérdida del camino y la obscuridad representan los primeros pasos del adepto en el conocimiento de sí mismo, la entrada en la vasta y desconocida interioridad. La imagen del difunto, aparte de significar lo que corresponde en el relato, es para el príncipe Oscar un símbolo de su propia muerte al pasado. El pago de las deudas simboliza la liberación del peso de las acciones pasadas que lo retienen en el marco de las pautas de conducta que él, como iniciado en la sabiduría, quiere superar. Por último, el entierro del difunto simboliza la definitiva superación de ese pasado. Así, esta simbología del difunto y sus deudas, adquiere especial relieve como imagen global de lo que es para todo hombre que busca la sabiduría, la imagen de su vida pasada.

EL AYUDANTE

Ahora bien, según este itinerario simbólico, el mensajero ayudante, o auxiliar, que asume la forma del *negrito*, vale decir, de un esclavo (cuya identidad oculta es el alma del difunto del bosque), es también un elemento en la problemática personal del héroe, y representa la humildad que es exigida al que marcha al encuentro del espíritu, tanto más en este caso, por cuanto es un príncipe que deberá obedecer a un esclavo. Así, la obediencia puntual a los mandatos del auxiliar representa el estricto sometimiento de la voluntad a los dictámenes de la humildad, sin la que el adepto actuaría impulsado por motivos egoístas que lo desviarían del camino hacia la superación de sí mismo. Así se explica el carácter de las tres pruebas a que es sometido este héroe enseguida, dos de las que conciernen, respectivamente, una al apego de la riqueza o a la ambición de poder, y la otra al orgullo o exaltación de sí mismo. Pero antes de dilucidar el significado de estas pruebas según las describe el relato, es previo aclarar, justamente a esta altura de nuestro estudio, no el significado del nombre *Malverde*, sino el del ave misma a la que es atribuido.

EL PÁJARO MALVERDE

¿Por qué un ave? La clave de la respuesta se halla en la verdadera naturaleza de la enfermedad del rey que viene a ser una consecuencia del estancamiento que padece el reino todo, descrito convencionalmente como prosperidad, justicia y felicidad. Y ese estancamiento es tal justamente por la falta del espíritu que da vida y sentido al quehacer de los hombres. De manera que el ave se ha escogido como símbolo del espíritu por su naturaleza aérea, en cuanto el espíritu es un aire, un soplo, como se aprecia por la simbología que le concierne utilizada en las mitologías y particularmente en las Sagradas Escrituras. Así, el remedio al MAL-DE-VER no es otro sino la recuperación del espíritu perdido, la revinculación de la ciudad humana con la trascendencia.

EL PRINCIPIO PATERNO

Asimismo conviene aclarar que la ceguera del rey, aparte de significar algo relacionado con la problemática global del reino, significa algo especial en relación a la persona del héroe, es decir, la inhibición en él del principio paterno, de la fuerza espiritual rectora. Así debe entenderse, como antes se dijo, la oscuridad del bosque y la visión del difunto insepulto, como simbolizaciones del estado en que se hallaba el príncipe Oscar, sumido en el estancamiento del reino de su padre.

En los mitos griegos referentes a proezas heroicas, así debe entenderse la función del padre. Por ejemplo en el mito de Teseo, donde el progenitor del héroe es mencionado al parecer, tan solo para que se entienda la paternidad del espíritu en él, su benéfica acción al principio y la extinción del mismo al final, cuando Teseo, en franca decadencia moral y espiritual, provoca el suicidio de su padre Egeo. Este se precipita al mar, indicando con ello lo que podríamos llamar el *ocultamiento de la luz* en la oscuridad caótica del subconsciente, mecanismo psicológico de toda decadencia humana. Más claro aun aparece este mecanismo en el mito del Edipo Rey, quien al matar a su padre, grafica claramente el proceso de la pérdida del espíritu.

LAS PRUEBAS

Por la secuencia del relato de *El pájaro Malverde*, parece que las pruebas a que es sometido el héroe se suceden en un orden de analogía en lo que a la forma se refiere (ciudad, palacio, guardias, objeto de virtud), aunque su contenido en cada caso es diferente. Pero antes de entrar a estudiar el significado propio de cada prueba, cabe hacer notar que la primera no parece ser propiamente la de la liberación del pájaro Malverde. Hay antes otra prueba que ha sido ya pasada con éxito por el príncipe Oscar, la prueba de la lujuria, vale decir, la tentación que representaba para él la hija menor del posadero. De manera que considerando así el orden de las pruebas, la liberación del pájaro Malverde viene a ser la segunda y el rescate del *caballo de las campanillas*, la tercera, lo que se aviene perfectamente con el significado del clásico tridente de Neptuno, dios de los abismos oceánicos y de Satanás (herencia griega en la mitología católica) cuyos dientes corresponden al placer, al poder y a la vanidad.

Esos abismos oceánicos no son otra cosa sino el caos del subconsciente, de donde emergen las sugerencias y las solicitaciones de la insensatez. Por otra parte se entiende que dichos desvíos vienen a ser formas malignas de tres aspectos de la naturaleza humana originalmente buenos: Eros; nutrición (o propiedad) y conciencia. Eros degenera en placer alienante, nutrición en apego al dinero, vale decir, al medio convencional de adquisición de bienes, y la conciencia degenera en orgullo o exaltación de si mismo.

Estudiadas estas tres pruebas con ese criterio, se entenderá el sentido que tiene la prueba global, por así llamarla, del rescate de la princesa que reúne el sentido de las otras tres.

LA LUJURIA

Aunque sobre la primera prueba parece ya todo aclarado, es conveniente considerarla en el contexto de lo ya dicho sobre el encuentro con el ser amado que constituirá con el héroe la verdadera pareja. El príncipe Oscar es el mejor de los tres hermanos, y para él está reservada la forma más sutil y seductora de la lujuria, la mejor de las hijas del posadero, una jovencita bellísima según el relato, vale decir, la más engañosa forma de la tentación carnal, capaz de desviar al héroe del camino que lo conducirá al encuentro con el buen amor.

LA RIQUEZA Y EL PODER

La segunda y tercera prueba, por tratarse, en una del apego a la riqueza y la ambición de poder, y en otra de la vanidad y el orgullo, suponen el contexto del mundo y de la sociedad, por eso se dan un escenario radicalmente diferente al de la posada, cuya intimidad sugiere el carácter personal y secreto de la vida erótica.

El simbolismo de la segunda prueba debe entenderse así: en lo concerniente a los diez mil guardias que cuidan al pájaro Malverde enjaulado, la cifra 10 índica totalidad. Ampliada a diez mil y acompañada de la explicación de que cinco mil guardias duermen y cinco mil velan constantemente y por turno, constituye una metáfora de la humanidad diseminada por el Orbe, cuya mitad duerme mientras la otra está despierta.

Pues bien, esa humanidad está ahí simbolizada justamente para arrojar sobre ella el más lapidario de los juicios... Ese juicio se concreta en el símbolo mismo del pájaro Malverde preso en una jaula de oro, vale decir, el espíritu cautivo, o mejor dicho, imposibilitado de manifestarse por el apego del hombre a la riqueza, significada en la jaula de oro. Asimismo esa jaula simboliza también el imperio avasallador de las convenciones que impiden la libertad creadora del espíritu. El lapidario juicio lanzado sobre esa humanidad se acentúa con la calidad de soldados (ciertamente armados) que se le da a cada integrante de la familia humana, pues con ello se quiere simbolizar la violencia hecha al espíritu (la verdad) y el cuidado que todos los pueblos de la tierra se toman para evitar que el espíritu se manifieste (que la verdad sea conocida). Con estos antecedentes se entiende que el hecho de volverse invisible para esa humanidad, prodigio operado por el objeto de virtud, simboliza la calidad del hombre espiritual que no puede ser comprendido por el mundo, al par que él sí puede entender al mundo y juzgarlo en su deformidad e injusticia. (San Pablo).

Esto aclara finalmente el carácter de la prueba, destinada a poner en evidencia cuánto apego a la riqueza y a las convenciones quedaban aún en el fondo del corazón del joven príncipe, dado que al fallar y no cumplir con las condiciones impuestas por el mensajero de la humildad y la sabiduría (liberar al pájaro y abstenerse de coger la jaula de oro), demostró con eso ser un hombre vulgar. Y es precisamente por esa vulgaridad que se vuelve visible para los guardias, es decir, cae en la condición común del hombre que no busca la verdad.

Debe entenderse por el tenor del relato, que la falla del príncipe Oscar constituye un olvido motivado por el entusiasmo de haber hallado al fin el remedio a la ceguera de su padre. Todo lo que simboliza, en el proceso de la iniciación, la inexperiencia del seguidor que cree poder llegar a la meta directamente, ignorando los obstáculos que se hallan dentro de él y que solo la dura experiencia de las pruebas pondrá en evidencia, todo lo que constituye precisamente el proceso del autoconocimiento.

En lo referente al palacio, la ciudad, el reino y el monarca que lo gobierna, se trata también de un símbolo del *mundo*, y en el sentido evangélico de la palabra, es decir, orden humano contrario al orden divino, sostenido por un soberano tenebroso (el César).

EL ORGULLO

Aclarado ya el significado de los elementos comunes de cada prueba, el significado de la siguiente (la tercera en el verdadero orden), como ya se dijo, se relaciona con el orgullo. Para la debida interpretación de este pasaje es necesario atender a la significación oculta de la conjunción *caballero y caballo*, que no es otra sino la del espíritu que gobierna los instintos, (justo lo contrario del simbolismo del centauro). Pero hay una forma maligna de considerar la conjunción antes aludida, cual es la que simboliza el orgullo o exaltación de sí mismo, la inflación de la conciencia por la autoestima.

En la mitología griega es el caso del rey Minos de Creta, quien se niega a obedecer la orden del Cielo de sacrificar el magnífico toro blanco que le ha obsequiado Neptuno (el caos) que simboliza su animalidad, lo que rematará en la caída de Minos, antes célebre por su sabiduría, en la vulgar categoría de un tirano, ávido de poder y gloria mundana. La materialización de su caída será el Minotauro, esto es, el *toro de Minos*, compuesto monstruoso de hombre y toro, que da a luz su esposa, después de acoplarse con el toro blanco.

Con estos antecedentes se entiende que la tercera prueba estaba destinada a denunciar cuánto orgullo y vanidad, quedaban aún en el fondo del corazón del príncipe Oscar.

El nombre mismo del caballo sugiere la idea de ostentación, en cuanto el orgullo y la vanidad, solo pueden darse ante un auditorio. Sin duda esas campanillas se aproximan a la idea expresada por el apóstol Pablo en su primera carta a los Corintos, cuando dice que él, sin amor, no es más que campana que retiñe, es decir, que suena y atrae la atención pero está vacía.

EL ENCUENTRO

La prueba siguiente debe entenderse, en lo concerniente a la problemática personal del héroe, en primer lugar, como un cuadro del estado de su alma, y enseguida como el acto de fe final que le permite superar definitivamente los obstáculos que lo separaban de la plenitud de vida a que él espiraba. Para interpretar este pasaje, se debe atender al significado del ser amado como imagen de la propia alma, de manera que el encuentro viene a constituir la culminación de un proceso de individuación por el que el principio paterno, principalmente el intelecto, se armoniza con el principio materno, el afecto, la intuición, los que en jerga jungiana toman los nombres de *animus* y *anima*.

Esta identificación simbólica del ser amado con una supuesta imagen de la propia alma, detectada en la mitología helénica, ha sido la clave que ha permitido entender la problemática del amor caballeresco subyacente en la novela medieval y en la lírica trovadoresca. Particularmente clara es esta identificación en la interpretación que Diel hace del mito de Orfeo, en la que la noble figura de Euridice solo parece justificarse como personaje en cuanto destaca el enigma de la mencionada correspondencia simbólica.

En este sentido, los términos con que se describen el estado en que la princesa del cuento será hallada por el príncipe Oscar, con los pies helados, acusa la intención de simbolizar la muerte, en lo que se capta una advertencia dirigida al héroe: *tu alma está próxima a morir*. (Atender también al simbolismo psíquico de los pies y las piernas, esto es: fundamento, sostén, alma).

Por otra parte, y en relación al mito de Orfeo, se entiende que esa habitación donde duermen solo princesas cautivas, se parece mucho al infierno griego donde el músico apolíneo debe descender en busca de su amada. De modo que el último reino cuyo soberano no se deja ver, y al que entra el héroe como un ladrón, sin ser advertido, en un ambiente de oscuridad, rescatando a la princesa con la firme decisión que se requiere en un trance de vida o muerte, representa el mundo subterráneo, psicológicamente hablando el subconsciente, con lo que entendemos que el orden de las pruebas antes propuesto es el correcto, siendo el rescate de la princesa el equivalente al descenso de Orfeo a los infiernos, vale decir, la salvación casi póstuma concedida por la misericordia del cielo. Y aún se puede llevar más allá este paralelo hasta detectar una similitud entre la exigencia impuesta a Orfeo de no mirar al rostro a Euridice hasta no completar el rescate y traerla a la luz del día, con la condición impuesta al joven príncipe de coger a la princesa y sacarla de ese antro sin atender a sus ruegos ni protestas.

Pero la diferencia fundamental que presenta este mito popular caballeresco con el mito de Orfeo reside, en primer lugar, en el abismo que separa al sentimiento trágico de la vida del paganismo helénico, de la *gracia* y la *misericordia* divina del Cristianismo, y más aún, de la esperanza en una resurrección que resume las promesas y los dones divinos.

La desgracia griega, por lo general, no tiene remedio, en cambio la desgracia cristiana (o bíblica) como problema, se resuelve en la fe, en la esperanza y en la anticipada alegría de la redención final.

Se advierte, en un análisis profundo, que la razón de la muerte de Euridice es la infidelidad de Orfeo, quien no ha sabido ver en ella el don ni la voluntad del cielo en lo que concierne a su persona, como espejo de su alma, y es justamente esta falta capital la que el príncipe Oscar se cuida mucho de no cometer, al no ceder a la tentación que para él representó la hija menor del posadero, pues aunque la *princesa elegida* no ha aparecido aún en su vida, el héroe que marcha al encuentro del espíritu sabe que la plenitud buscada se ha de materializar en el venturoso encuentro de la amada, constituyendo en un sentido trascendente, su pareja y complemento, como antes se dijo. Es necesario destacar que es justamente el mérito de su pureza, lo que vale al joven príncipe el feliz resultado de su temeraria acción, pues, en el contexto de la narrativa caballeresca, de las tres pruebas, la más decisiva es la primera, pues ceder a la tentación de la lujuria es en el código de la caballería la *falta* por excelencia, aquella que incapacitó, por ejemplo, al célebre *Lancelot du Lac* para encontrar el Santo Grial, y la que en *El pájaro Malverde* inutiliza para siempre a los dos primeros aspirantes a héroes. Todo lo que confirma la ortodoxia caballeresca de este cuento popular, evidenciando un origen medieval.

LA MUERTE DEL ALMA

En lo concerniente a las condiciones impuestas por el *negrito* de no atender a las protestas ni ruegos de la muchacha en el momento de su rescate, se entiende que simbolizan todas las resistencias que la psique opone a los cambios profundos exigidos por una auténtica *conversión*, pues el mismo tenor de esas protestas acusan el deseo de permanecer en un estado acostumbrado, al que la psique se acomoda, por así decirlo, aunque dicho estado, desde una perspectiva espiritual, se parezca mucho a una muerte en vida, de lo que la princesa ni los guardias estaban conscientes, y en lo que debemos ver otro lapidario juicio en contra del mundo, simbolizado por el reino y sus soldados, que velan por que los hombres se mantengan, sin advertirlo, en un estado que puede ser calificado de muerte en vida. También se ve en las protestas y ruegos de la princesa una especie de *llamado a la razón*, cuyo significado se entiende en el itinerario metafórico del cuento y que podría ser el más eficaz obstáculo para la conversión simbolizada en el rescate. Pero la decisión del príncipe Oscar revela una fortaleza de ánimo absoluta, pues él ya sabe que la razón del mundo no es la razón, y que la verdad del mundo no es la verdad. El vestido regio que el negrito reservaba para la princesa y que ella viste después del rescate, tiene por esto el significado de una resurrección.

En la problemática personal del héroe se advierte claramente además, que esa fortaleza de ánimo que motiva la firme decisión del joven príncipe, es el fruto de sus dos malas experiencias pasadas, cuyo sentido él ya ha entendido, y como consecuencia, la gravedad de una posible muerte del alma.

Esta expresión (muerte del alma) que he tomado del léxico empleado por Diel en su estudio de la mitología griega, tiene en primer lugar un sentido espiritual netamente pagano (no por eso ajeno del todo al cristianismo). Es la pérdida de la trascendencia o desvinculación de la presencia del espíritu, pero con carácter irreversible en las más de las veces, y con todas las desastrosas consecuencias que la mitología helénica describe en dichos casos. Ahora bien, en lo que a la ética caballeresca cristiana se refiere, nótese, como se dijo, que siendo la pureza del joven príncipe (pureza de Perceval y Galaad) la que le vale el feliz resultado de su proeza, la mística del buen amor medioeval, como asimismo la gravedad de la transgresión de sus preceptos, adquieren una función tan central en esta y en todas las historias en que de ello se trata, que a juzgar por la espiritualidad que aquí se transparenta, se ve un velado tinte pagano, lo que explicaría, aparte de una influencia directa de mitos helenos en la narrativa del medioevo, el por qué de un cierto tenor trágico que se deja sentir en el desenlace de algunas de sus aventuras.

Recuérdese al respecto el trágico final de Tristán e Isolda, en cuya historia, el novelista anglonormando Béroul (S. XII) introdujo pasajes del mito de Teseo, como asimismo el trágico final del Rey Arturo y de toda la orden de la Mesa Redonda, su poco cristiano propósito de ser el *rey del mundo...* en lo que se transparenta un sentido mágico del Grial que confiere justamente la calidad de monarca mundial a su poseedor, ideal que no solo no es cristiano, sino demoníaco y cuya procedencia se halla en la magia céltica encarnada en Merlín, el mago consejero del rey Arturo.

En todo caso, el contexto cristiano en que se desarrollan estos cuentos populares de origen caballeresco, aunque se manejen en ellos elementos veladamente ajenos al espíritu evangélico, constituyen a veces un igualmente velado sincretismo en el que, a pesar de todo, se impone el sentido cristiano de la esperanza y de la redención.

Por otra parte esta noción de *muerte del alma* presente en la mitología helénica y en la cosmovisión de la narrativa popular, es evangélica, como hecho existencia y encuentra su expresión mas destacada en la parábola del Hijo

Pródigo, aunque allí, como en "El Pájaro Malverde" y en el mito de Edipo Rey, los sufrimientos y experiencias adversas rescatan el alma del imperio de la muerte.

EL HÉROE SALVADOR

Hasta este punto de nuestro análisis hemos considerado el itinerario del príncipe Oscar desde su primera prueba hasta el rescate de la princesa como un relato simbólico de la iniciación en la sabiduría, al punto que la misma ceguera del rey aparece, en dicho itinerario, como la inhibición en él del principio paterno del espíritu. Todo lo que no obsta para que lo ocurrido sea considerado también en el contexto mayor de la problemática social del reino, pues la concepción *sincronística* del mundo (Jung) que se transparenta en el relato, y en virtud de la que el individuo (microcosmos) y la sociedad. (macrocosmos) experimentan mutaciones paralelas y correspondientes, establece una permanente equivalencia simbólica entre el acontecer subjetivo y el acontecer objetivo. Esto explica una vez más, desde otra perspectiva, la importancia de la primera prueba y el mérito que adquiere el príncipe Oscar al pasarla con éxito pues el encuentro con su verdadera identidad (la verdadera imagen de su alma encarnada en la princesa) es la condición que le permitirá realizar la proeza de hallar el único remedio eficaz para curar la ceguera de su padre, es decir, que el pleno cumplimiento en él de su naturaleza de hombre y héroe, llamado a un destino superior, es la condición de la futura felicidad del reino. Y tal es el sentido del orden regresivo de la aventura que va del rescate de la princesa a la obtención del pájaro Malverde, y en el que las formas malignas de los símbolos del caballo de las campanillas y del pájaro enjaulado, se vuelven benignas. Así, esa exhibición pública del príncipe Oscar con la princesa a la grupa, no es ya una imagen de orgullo o vanidad, sino del hombre que, habiendo hallado su identidad, o sea, el profundo conocimiento de sí mismo, se transforma por eso, en dueño de sí, conforme a lo ya dicho sobre el simbolismo de la conjunción *caballero y caballo*, de manera que su presentación ante el pueblo muestra en él su calidad de conductor de hombres. Pero el cuadro completo se da cuando se agrega al conjunto el pájaro Malverde, pues se entiende que a condición de que todo lo anterior esté consumado, el príncipe Oscar, investido de un poder superior, realiza el arquetipo del héroe salvador.

A la luz de lo dicho se entiende también que la facultad de volar que el caballo de las campanillas ocultaba, conforme al simbolismo del aire, significa la espiritualización de lo instintivo, o la plenitud de lo vital.

LA FLOR LILILÁ

En la variante titulada *La flor Lililá* se advierte que las pruebas no aparecen en una secuencia tan clara como en *El pájaro Malverde*. Sin duda la intervención de la anciana, que los hermanos menores desprecian, constituye para el joven príncipe la prueba que pone en evidencia la humildad que había en su corazón, condición para el supremo logro de su realización personal como hombre cabal y héroe, pues él respeta y escucha a la anciana, quien en parte es, como el negrito, un mensajero de la humildad y de la sabiduría. No duda que ella posee el secreto que lo conducirá al rescate de la prodigiosa flor custodiada por el monstruo. Asimismo, a requerimiento de la anciana, no se niega a entregarle el dinero que lleva consigo, en lo que se advierte un desapego de la riqueza. Y si de pruebas se trata, sin duda que su combate con el monstruo para rescatar la flor, es, entre otras cosas, una prueba de coraje, lo que en *El pájaro Malverde* está latente en el comportamiento del príncipe como actitud permanente.

En lo que concierne a la misma flor llamada Lililá, sin duda tras ese folklórico nombre se esconde la conocida flor de lis, emblema del Sacro Imperio (heredado después por el reino de Francia), símbolo de la iluminación que debe ser un atributo del emperador.

En lo referente al monstruo que custodia la flor, importante novedad introducida en esta variante, debe interpretarse este desde dos puntos de vista diferentes y complementarios como ya se ha hecho con otros elementos del relato. Desde el punto de vista de la problemática personal de héroe, y si atendemos al feliz resultado del combate que transforma al monstruo en una princesa, debe entenderse que dicho combate no es otra cosa sino la lucha del héroe contra sí mismo, vale decir, contra los aspectos malignos de su propio carácter, cuyo triunfo tiene el poder de liberar la verdadera imagen de su alma, vale decir, el encuentro de su *anima* (la princesa). La explicación de la princesa de cómo una bruja la había transformado en monstruo, es una clave que nos permite entender el carácter de lo monstruoso subjetivo, como una deformación del alma por la sumisión al imperio de una fuerza maligna.

Conviene recordar a este respecto el mito de San Jorge, en cuyo relato la doncella (princesa), imagen del alma, está sometida al poder del dragón y por eso ha perdido el habla. Esto es la imposibilidad de manifestarse en su verdadera identidad.

En un sentido social, es decir, en el contexto de la problemática del reino, el monstruo tiene el mismo significado que la *Esfinge* en el mito de Edipo Rey: una manifestación simbólica de la perversidad generalizada en el reino de Layo, padre de Edipo, y que en el cuento de *La flor Lililá* no es otra cosa sino la confusión, la injusticia y la ausencia de sabiduría que imperan en un reino donde el monarca ha perdido la luz. En este sentido, y al igual que en el mito de San Jorge, la princesa viene a ser un símbolo de la verdadera vida paralizada por el efecto de una fuerza maligna. De ahí la curiosa advertencia que la anciana hace al joven príncipe concerniente a la manera de enfrentar al monstruo, el que, cuando vela tiene los ojos cerrados y cuando duerme los tiene abiertos, con lo que denuncia una inversión de los valores, a la manera como Jesús, en el Evangelio de Juan, la denuncia igualmente con motivo de la curación del ciego de nacimiento.

Ahora bien, si el monstruo, en relación al príncipe Oscar, simboliza también el aspecto maligno de su propia persona, la explicación de la anciana contiene además un consejo iniciático concerniente al desarrollo de la vida interior, lo que en el mito de Edipo Rey se simboliza con la pena que el mismo Edipo se aplica después del desastre de su vida y que consiste en la ceguera autoimpuesta por la extracción de los ojos, en lo que debe verse un apartar la mirada de las vanidades del mundo para revertirla hacia el interior y ver realmente su propio ser.

Pero volviendo a la problemática personal del héroe, y aunque se trata de una aventura caballeresca, donde la mística del buen amor está presente, cabe destacar el recurso simbólico extremo de identificar a la princesa con el monstruo, de cuya transformación surge, lo que emparenta de algún modo este pasaje con el mito de Eros y Psique. Así, el monstruo sería una imagen repelente de Eros por el extravío de Psique (el alma), lo que solo su conversión puede transformar en una imagen noble y bella, grata a los dioses. En efecto, Eros, —divinidad helénica que preside la sexualidad en su conjunto en el mencionado mito— aparece como un monstruo que encierra a Psique en un palacio, símbolo de las seducciones de la lujuria, y a la que viene a visitar solo de noche. Psique en su desvarío acepta esta situación e incluso la condición de yacer con él siempre en la oscuridad y nunca encender una luz para mirarlo. Pero Psique, dominada por la curiosidad y la angustia, cede al fin a la tentación de conocer el objeto de su pasión, y a la luz de una antorcha descubre que a su lado duerme un monstruo repulsivo. Psique comprende entonces la magnitud de su caída (la antorcha considerada como el comienzo de su iluminación) y huye de su prisión y se redime gracias a la ayuda de Hera, esposa se Zeus. Al término de su purificación, Psique reencuentra a Eros, pero transformado en una divinidad olímpica, es decir en la imagen benigna del amor físico.

Se ha insertado esta breve síntesis del mito de Eros y Psique en este estudio para poner en evidencia el mecanismo por el que los símbolos concernientes al amor asumen en la mitología y en la narrativa popular el carácter de monstruos o seres luminosos por transformación de unos en otros. En el mito griego es el personaje de sexo masculino el que sufre la transformación; en la variante *La flor Lililá*, es el personaje de sexo femenino, pero en uno y en otro caso, el significado es el mismo, aunque en el mito griego se capta una cierta intención aleccionadora dirigida de preferencia a la mujer.

Conviene recordar también, a propósito de este episodio del mito, que si el poema de Tristán e Isolda tiene también una intención aleccionadora, hay un pasaje en que Tristán canta a Isolda, en la oscuridad del bosque en que se encuentran todas las noches, una canción cuyo texto describe un reino al que irán más allá de este mundo donde *la noche es eterna...* Relacionando este pasaje con las sucesivas caracterizaciones o disfraces con que Tristán se presenta en la corte del rey Mark para burlar la prohibición de volver a palacio y en las que aparece fingiéndose leproso, loco o bufón, imposible de reconocer, estamos en presencia de un mecanismo simbólico de la misma naturaleza.

Ahora bien, el atuendo regio que el negrito tenía reservado a la princesa en *El pájaro Malverde* y que ella viste, una vez que ha sido liberada por el príncipe Oscar, es, como se dijo un símbolo de la transformación del alma (anima) redimida del mundo tenebroso.

EL ESCLAVO PRÍNCIPE

Referente a la persona misma del *negrito* que en la problemática personal del héroe simboliza la humildad, es evidente que también es un símbolo de la sabiduría, y en ambos casos, a la luz del desenlace de la aventura que a él concierne, abarca globalmente lo que podría llamarse la naturaleza más profunda del príncipe Oscar, pues si el cuerpo hallado en el bosque es una imagen de la muerte del propio héroe a su pasado, la transformación del negrito en un apuesto gentilhombre no significa otra cosa sino la luz que se hace después del difícil paso de las pruebas bajo el signo de la humildad en la persona del héroe triunfante.

Desde el punto de vista revolucionario del cuento, sin duda esta transformación del esclavo en gentilhombre concierne también al reconocimiento de la alta dignidad de lo humano que se alumbra en la conciencia del príncipe Oscar después de su transformación por la adquisición de la sabiduría, requisito espiritual de todo conductor de hombres y condición básica del sentido de la justicia.

EL POZO

La adversidad que esperaba aún al joven príncipe, a pesar de que lo esencial de la proeza estaba ya realizado, vale decir, la traición de sus hermanos en el desierto, se sugiere en este episodio que el joven príncipe debía pasar otra prueba más y que la desgracia temporal que cae sobre él es la consecuencia de una falla moral cuya naturaleza no se discierne a primera vista. Esta pudo ser quizás la de no cumplir con la exigencia impuesta por el negrito de guardar silencio sobre la aventura vivida hasta que el rey recuperara la vista, aunque la versión entregada por don Ramón Laval hace una mención precisa de la negativa del héroe a relatar los sucesos de dicha aventura. La proximidad de la *caída* se ve en la tristeza del negro que ya intuye lo que ocurrirá cuando el príncipe Oscar se encuentre con sus hermanos en la posada. Pero eso que ocurrirá y que entristece al negro, en el fondo, puede no ser la traición misma de que el héroe fue objeto, sino precisamente la constatación de que la falla moral que desencadenará el desgraciado suceso está próxima a manifestarse. De manera que, descartada la *prueba del silencio*, pasada con éxito por el héroe, se sugiere que la falla consistió en un resto de vanidad que hizo caer al héroe en la ilusión de atribuirse la autoría de todo lo obrado con la consiguiente satisfacción de presentarse ante sus hermanos como un triunfador.

El desierto tórrido descrito en este episodio, del que antes no se tuvo noticia, simboliza una situación límite a la que todos son sometidos, y cumple por esto mismo en el relato la función de un juicio que pone en evidencia la valía espiritual de cada uno, como la aventura de la posada. En una y en otra la intención es mostrar la calidad interior del héroe elegido que lo capacita para ser el futuro rey, y la incapacidad de sus hermanos, oficialmente con más derechos que él para serlo. Para este efecto se utiliza el pozo, elemento simbólico que debidamente estudiado puede atribuírsele la significación de flujo renovador de la vida que emerge de las profundidades del alma. Así, los príncipes Alberto y Guillermo, sometidos a la prueba de una situación de extrema adversidad, se mostraron incapaces de extraer de su propio ser la luz y la fuerza necesarias para responder adecuadamente a la dificultad. La imposibilidad de ambos de descender al pozo, uno por excesivo calor y el otro por excesivo frío, como lo destaca el relato, tiene por objeto postular un par de opuestos, una polaridad, en la que se extravía el alma que carece de un sólido pilar central.

Con esta imagen de la insensatez de ambos príncipes, contrasta el descenso sin contratiempos del príncipe Oscar al pozo y el hallazgo del agua subterránea que él envía a sus sedientos acompañantes. Este hecho quiere destacar también, como una característica del *elegido* su riqueza espiritual, una capacidad para generar la buena fortuna de una abundante distribución de alimentos.

Es interesante constatar que así caracterizan todos los textos antiguos, incluso las Sagradas Escrituras, al verdadero gobernante, rey o conductor de hombres. Justamente en el *I Ching* o *Libro de las Mutaciones de China*, en el capítulo titulado El pozo, se dice que es una característica del sabio gobernante su capacidad para dar alimento. Así lo caracteriza también la Biblia, en la figura de José hijo de Jacob, cuya autoridad sobre el pueblo egipcio se establece en base a una cuestión de distribución de alimentos Asimismo Moisés, por cuya intercesión del pueblo de Israel recibió el maná del cielo. Y tal es uno de los supuestos que subyace en todas la esperanzas mesiánicas de Israel, por esto se dice en el Evangelio que después de la multiplicación de los panes y de los peces, el pueblo buscó a Jesús para proclamarlo rey.

Y a propósito de José hijo de Jacob, sin duda que el episodio del pozo en que queda abandonado el príncipe Oscar por sus hermanos, tiene una relación directa con el pasaje análogo del Génesis en que todos los hermanos de José deciden abandonarlo en un cisterna. Ambos episodios corresponden a un mismo acontecimiento mítico, vale decir, la *humillación* extrema que precede a la definitiva exaltación del elegido. José saldrá del fondo del pozo para convertirse en virrey de Egipto, como el príncipe Oscar saldrá para asumir la dignidad real como el verdadero sucesor de su padre, y como Jesús saldrá de las entrañas de la tierra para ser el Cristo, vencedor de la muerte.

Por otra parte sorprende la actitud de la princesa que sufre en silencio, y el poco o ningún cuidado que los príncipes traidores se toman ante la posibilidad de ser denunciados por ella. Podría pensarse que este relato contiene una inconsecuencia o falla argumental, pues es de toda lógica que ante el rey los príncipes Alberto y Guillermo deberán dar alguna explicación del por qué de la presencia de esta dama, y nada podrán inventar estando ella para desmentirlos. Pues bien, todas estas conjeturas, poca o ninguna relación tienen con la lógica peculiar de la narrativa popular, pues en el contexto de dicha narrativa se ve una concepción del mundo, como ya se dijo más arriba, que da a la secuencia argumental una sucesión extraña a nuestra captación racional y causal de la realidad, donde lo extraño adquiere un énfasis particular en referencia a lo que hemos denominado *Providencia* en términos religiosos, aunque no sea ortodoxamente de esa Providencia que en estos cuentos se trate. Lo que se quiere decir, en cuanto al modo de acontecer de los hechos, es que en la intención del narrador se transparente el supuesto de un *sentido trascendente* del acontecer, ajeno del todo a la noción de azar y de realidad objetiva. El narrador postula la posibilidad del elegido de acceder a dicho acontecer trascendente mediante la conversión, pues este lo es solo por su conversión, basada en la fe y en el amor y realizada en la experiencia. Su acceso al acontecer trascendente lo sitúa en el flujo de la vida *verdadera* que lo conduce invariablemente al éxito.

Una concepción semejante del acontecer se transparenta en la ya mencionada versión titulada *Los tres lirios*, la que contiene un pasaje en que el héroe entrega imprudentemente, al parecer, tres objetos mágicos de gran valor: el pan que nunca se agota, la botella que nunca se vacía y la espada que siempre gira en el aire, a los posaderos de tres albergues camineros en que hace escala, advirtiéndoles que su dueño pasará a reclamarlos a su debido tiempo, en circunstancias que él que vendrá será su propio hijo que aún no ha nacido, que recuperará los objetos a pesar de la resistencia de sus poseedores, y uno de los que, la espada que siempre gira, será de capital importancia para el feliz desenlace de la historia.

De una calidad inferior esta narración, en la que la verdadera historia parece mezclada con elementos pertenecientes a otras narraciones (hecho frecuente en las versiones recogidas), muestra de un modo más evidente que en

El pájaro Malverde esta necesidad del acontecer trascendente —en que los hechos, cuya sucesión conduce al feliz desenlace— son esperados con absoluta certidumbre, lo que metafóricamente se indica en Los tres lirios, como un conocimiento anticipado del modo puntual como las cosas han de ocurrir.

En cuanto a la ortodoxia bíblica de aquella forma de providencia que se ha denominado *acontecer trascendente*, cabe hacer notar que se trata de una concepción común a todo el pensamiento antiguo, detectable como un supuesto básico de todos los relatos mitológicos. Su diferencia con lo que denominamos propiamente *Providencia*, reside en que el acontecer trascendente en la Biblia no es solo el fluir de una vida verdadera en oposición a una vida profana y arbitraria, manipulada por el hombre, sino en una intervención directa, inesperada, de naturaleza inexplicable por la sabiduría humana, de la divinidad, en los asuntos del hombre, como un proceso independiente de toda ley conocida y regida por una escala de valores ajena a todo código cultural.

LA EXALTACIÓN SIMBÓLICA

En la parte final de *El pájaro Malverde*, la despedida definitiva del *negrito*, que se transforma en un apuesto joven que desaparece envuelto en un nimbo de gloria, simboliza, por una parte, el carácter espiritual del acontecer trascendente determinado por la intervención del cielo. La especial mención de Dios que hace el joven en que se transforma el *negrito*, quien según él, fue autorizado expresamente para cumplir la misión de ser el guía del *elegido* en una aventura tan significativa, y la plegaria de alabanza y acción de gracias que eleva el príncipe Oscar, acusan un intento de definir en términos de providencia teológica la trascendencia de ese acontecer.

EL RETORNO DE LA LUZ

En la operación por la que el rey debe recuperar la vista, se advierte que, realizada por los falsarios reviste un carácter particularmente revelador. Arrancar violentamente una pluma al pájaro Malverde significa hacer violencia al espíritu para que entregue sus dones, lo que en términos religiosos tiene su equivalente en el culto practicado sin una auténtica conversión y con la única mira de obtener beneficios, causa principal de la ceguera del rey, vale decir, del estado de insensatez y violencia de los regímenes impíos. En cambio, la manera *verdadera* de realizar la operación, consiste, según la explicación del *negrito*, en abrir la jaula para que el pájaro salga por sí mismo a bañarse en una palangana de oro, hasta entregar el *plumoncito* que operará el prodigio. Esta curación simboliza lo esencial de toda la historia relatada, pues el pájaro que sana el MAL-DE-VER enjaulado significa, como se dijo, el espíritu ahogado por las convenciones y el ansia de riqueza. Sin duda el baño es un símbolo de purificación y de algún modo oculta también un simbolismo alquímico que podría rastrearse en la estructura profunda del texto y que hemos omitido para no multiplicar las referencias de nuestra interpretación.

Como símbolo de purificación interior aparece como la condición previa para que el espíritu pueda manifestarse, y su primera revelación será la entrega del *plumoncito* suave, que aquí tiene el carácter de un retoño o renuevo. Se trata, en todo caso, de algo radicalmente diferente al acto violento de arrancar una pluma al pájaro, pues el ave misma (el espíritu) sin mediar esfuerzo alguno, debe entregar el objeto de virtud (el medio) capaz de operar el prodigio (la recuperación de la sabiduría).

EL JUICIO FINAL Y EL REINO

Otro hecho digno de destacarse en este final apoteósico, es la facultad de hablar del pájaro, que simboliza la plena manifestación del espíritu y que adquiere aquí el carácter de un verdadero *juicio final* por el que los réprobos reciben castigo y los justos recompensa. Así, la condenación que el pájaro Malverde pronuncia sobre los hermanos del príncipe Oscar en presencia del rey, la reina y la corte, corresponde a la imagen suprema del restablecimiento del orden por la vinculación de la existencia con la trascendencia del espíritu.

No se trata ya, por tanto, de particulares y excepcionales revelaciones hechas a algún hombre de cualidades extraordinarias que vive retirado del mundanal ruido. Se trata de un cambio que concierne a la totalidad del reino, lo que simbólicamente ocurre a toda la humanidad y con carácter definitivo. Por eso la segunda descripción del orden, con que termina el cuento y que contrasta con la primera, no en los términos mismos de la descripción, sino en su intención y real significado, reconoce como arquetipo el reino mesiánico anunciado en la Biblia, y más universalmente dicho, toda la escatología no bíblica referente a un restablecimiento definitivo de la verdad, y la justicia al fin de los tiempos, contenida en diversas tradiciones espirituales.

å
LA PRINCESA DEL RETRATO

LA PRINCESA DEL RETRATO

Este era un príncipe que andaba recorriendo los estados de su padre para imponerse de sus necesidades y poder gobernar con acierto cuando se hiciera cargo del reino, lo que parecía no estar muy distante, dado el deplorable estado de salud del monarca.

Un día, al salir de un bosque, se encontró de manos a boca con un falte[1] el cual le suplicó, de modo tan lastimero, le comprara algunos de los objetos que vendía, que el príncipe, aunque nada necesitaba, se puso a registrar el cajón de mercaderías, para ver si encontraba algo que le interesara. Al levantar unas cajas que contenían anillos, peinetas, botones y otras baratijas, tropezó con un paquete de retratos y por mera curiosidad se dedicó a examinarlos. Eran de jóvenes bellísimas; pero el último sobrepujaba a los demás por la peregrina hermosura de la joven retratada. Era tan bella, que el príncipe se quedo extasiado contemplándola, e inmediatamente su corazón se sintió aprisionado por el amor. Dio veinte pesos al falte a cambio de la fotografía y le preguntó si sabía cómo se llamaba y dónde vivía la niña retratada, y como ninguna noticia pudiera darle el buhonero, triste y desconsolado se volvió al punto al palacio.

---

[1]   Falte = buhonero

Este príncipe era de carácter tímido y reservado, así es que no comunicó a su padre sus nuevos sentimientos. Pero, mientras tanto, enflaquecía a ojos vistas, y sus mejillas, tersas antes y sonrosadas, se tornaban mustias y descoloridas. El rey, alarmado, lo hizo examinar por los mejores médicos, pero ninguno acertó con el mal que aquejaba al enfermo.

Diariamente rogaba el rey al príncipe le dijese qué sentía, qué deseaba, y al fin tantos ruegos vencieron la reserva del joven, quien confesó a su padre que estaba perdidamente enamorado de una niña a quien no conocía, no sabía cómo se llamaba, ni siquiera sospechaba dónde vivía, y después de referirle su aventura con el falte, terminó asegurándole que no volvería la tranquilidad a su espíritu, mientras no se casara con ella.

El rey le pidió el retrato para mandar mensajeros a todas partes en demanda de la niña; pero el príncipe le dijo que por nada de este mundo se desprendería de tan preciado tesoro que él personalmente saldría a buscarla, si el rey se lo permitía.

Muy a su pesar —y sólo en vista del mal estado de la salud del príncipe, que parecía próximo a morir— diole permiso el rey para que saliera en busca de su adorada y aunque el rey le instaba que partiera acompañado de muchos grandes personajes, el príncipe quiso ir solo.

Salió el príncipe muy de madrugada, sin despedirse de nadie y sin que nadie lo viera, montado en su caballo favorito, y anduvo por caminos para él desconocidos hasta entonces y atravesó praderas y bosques de que no tenía ningún conocimiento, y al fin de muchos días llegó a una grande y hermosa ciudad en la que abrió un hotel espléndidamente montado. A él tenían acceso todas las personas, sin distinción de sexo, edad, ni condición, y podían permanecer en él un día y una noche sin pagar nada, a pesar de ser regiamente atendidas; sólo se les exigía que declarasen, antes de partir, si conocían a la niña fotografiada en el retrato que se les presentaba, advirtiéndoseles que al que diera las señas exactas de su residencia, se le gratificaría con una gruesa suma de dinero. Pero durante un mes completo, que al príncipe le pareció un siglo, ninguna de tantos miles de personas que habían pasado por el hotel, dio muestras de conocer a la niña del retrato.

Desconsolado, se fue a otra ciudad, muy hermosa y muy poblada, y mientras meditabundo paseaba por sus calles pensando de qué medios se valdría para lograr sus deseos, se le acercó una viejecita, que le dijo con voz muy suave y cariñosa:

—Señor, usted, es forastero y no conoce la ciudad, si quiere visitarla, yo tengo un hijo que podría mostrarle los monumentos y cosas notables que contiene. Pero me parece que no es eso lo que usted pretende, y que más que satisfacer curiosidades, lo que usted necesita es consuelo, pues su rostro revela que un gran pesar lo consume. Yo soy lo bastante anciana y conozco bien el mundo, y tal vez, si usted me comunicara sus cuidados, podría aliviar sus penas.

Hablaba la anciana de un modo tan dulce, que el joven le abrió su corazón y terminó por mostrarle el retrato. Apenas lo vio, la viejecita exclamó:

—Pero si este retrato es el de mi hijita, la princesa, a quien yo crié desde que nació. Pero vea usted, le va a ser muy difícil hablar con ella, porque la cuidan mucho de día y de noche, y cada año no sale sino tres días del palacio y siempre va entre dos damas de la corte. Casualmente, mañana sale. Colóquese usted en el camino por donde ella ha de pasar y trate de llamar su atención de alguna manera y hablarle sin que sus compañeras lo noten.

Y después de mostrarle por donde debía pasar la princesa, la anciana se retiró, quedando de reunirse con él al día siguiente, en el mismo sitio y a la misma hora.

Se hizo conducir el joven a la mejor tienda de joyas de la ciudad, y adquirió a muy alto precio, por cierto, tres pelotas de oro, una adornada de rubíes, otra de perlas y la tercera de diamantes.

Al otro día, a la hora en que debía salir la princesa, ya estaba el príncipe en el sitio escogido, jugando con la bola de oro adornada de rubíes, v cuando la hermosa joven vio aquella preciosa alhaja, dijo a sus acompañantes:

Voy a pedirle a ese joven que me venda la pelota con que juega—. Y adelantándose, le pidió que se la vendiera.

No se la vendo, señorita —le dijo— sino que se la regalo, para que, cuando usted juegue con ella, se acuerde de su servidor.

La princesa le agradeció el obsequio, y reuniéndose con sus acompañantes, continuó su camino.

En la tarde hizo la anciana a la princesa la visita de costumbre, y ésta le contó lo que había sucedido con el joven.

¡Tan buen mozo— le dijo— tan generoso y tan cumplido! ¡Cuánto diera por saber qué piensa de mí!

La anciana, que nada había referido a la princesa, le prometió buscar al joven y hablar con él para sondearlo, y se retiró; y en efecto, se fue a ver con el príncipe, para darle cuenta de su conversación con la princesa, con lo cual el príncipe quedó más enamorado que antes.

Al otro día, que era la segunda salida de la princesa, mucho antes de llegar al lugar en que estaba el joven esperando su paso, lo divisó ella jugando con otra pelota de oro, adornada de perlas. —Voy a adelantarme— dijo la princesa a sus acompañantes a ver si ese joven me quiere vender la pelota con que juega, para completar el par. Y dejando a sus cuidadoras, se acercó al príncipe y le rogó que le vendiese la pelota; pero el joven, como en la vez anterior, no quiso vendérsela y le suplicó se la llevara como recuerdo del mayor de sus admiradores.

En esta ocasión la princesa se fijó más en el joven, y si el día anterior lo encontró buen mozo, ahora lo halló encantador, y así se lo dijo a la anciana cuando fue a verla en la tarde, agregándole, con mucho secreto, que estaba perdidamente enamorada de él.

El tercer día se repitió la escena: el príncipe obsequió a la princesa la tercera pelota de oro, y las pocas palabras que cruzaron hizo crecer en ellos más aún el amor que se tenían.

Ya la princesa no saldría a la calle hasta dentro de un año, pero todos los días se comunicaban por intermedio de la anciana. Y resultó que un día convinieron en que la joven princesa se descolgaría en la noche desde la ventana de su habitación, que daba a una calle solitaria, y allí el príncipe la esperaría a caballo para huir con ella, pues el rey no quería que su hija se casara.

Con la impaciencia, el príncipe llegó con bastante anticipación al lugar de la cita, y mientras esperaba la hora convenida, se bajo del caballo y se sentó en tierra afirmando la espalda en la pared. Un sueño invencible se apoderó de él, y a los pocos instantes dormía profundamente. Sucedió que a ese tiempo pasaba por ahí mismo un soldado vestido de paisano, que venía de una casa de juego, en la que había perdido cuanto llevaba, y viendo el caballo, le entraron ganas de robárselo para venderlo; pero vio al dueño del animal, que dormía, y temiendo que despertara y pudiera sorprenderlo, para probar si se despertaría fácilmente, lo movió con fuerza, diciéndole: —¿Qué haces ahí joven? y éste, que como buen enamorado, había pasado las noches anteriores en vela, siguió durmiendo como un lirón. Entonces el soldado montó en el caballo y ya se iba cuando sintió una voz que desde arriba decía:

—¿Ya se va y a mí no me lleva?

El soldado contestó:

—Baje no más: si la estoy esperando.

Y la princesa bajó y montó a la grupa del caballo.

Corrieron unas cuantas horas sin hablar palabra, y llegaron, por fin, a una casa que estaba en medio del campo. El soldado dijo:

—Aquí nos bajaremos, hijita, pediremos alojamiento y nos acostaremos, porque tengo mucho sueño.

La niña, por la voz conoció que no era su amante quien la llevaba, y le contestó:

—No, no nos bajemos todavía, sigamos hasta llegar al bosque y ahí nos ocultaremos: no nos vayan a tomar los criados de mi padre, que nos vendrán siguiendo ya, y si nos cogen, nos matarán.

Encontró razonable el soldado lo que la princesa le decía y siguió corriendo a caballo hasta que se internaron en el bosque y bajaron.

Ya era de día. La princesa entregó al soldado una moneda de diez pesos y le dijo:

—Anda a traerme al pueblo una taza de caldo, porque me muero de fatiga, y te vienes inmediatamente sin pedir el vuelto[2]. Pero deja aquí el sombrero, la manta y las espuelas; no vayan por ellos a sospechar los que nos siguen que eres tú el que me ha robado; y no te demores.

Dejó el soldado sus prendas y a pie partió de carrera a cumplir el encargo de la princesa, pero apenas salió del bosque, la joven se calzó las espuelas y poniéndose la manta y el sombrero, saltó sobre el caballo y partió a todo correr por el lado contrario. Cuando volvió el soldado y no encontró a la niña, lleno de rabia, arrojó el caldo, renegando de su suerte, y siguió a pie en persecución de ella.

Volvamos al joven, que despertó cuando ya era bien de día. ¿Qué hizo al encontrarse en el sitio en que se hallaba, sin su caballo, y recordando el objeto con que había ido ahí? No se explicaba lo que había ocurrido, y triste y lamentándose de su desgracia, se fue a su alojamiento. En la tarde, salió a dar una vuelta por las calles, y por casualidad encontró a la anciana, que casi se fue de espaldas al verlo, pues creía que el joven estaría muy lejos con la princesa. Le refirió el joven lo que le había pasado, es decir, que se había quedado dormido y que le habían robado su caballo, y la anciana le contó que en el palacio todo era alboroto y confusión, pues la princesa había desaparecido y se había encontrado una escala de cuerdas pendiente de una de las ventanas del dormitorio de la joven, y que el rey había hecho cortar la cabeza a los cuidadores de la princesa.

---

[2]   El vuelto = la vuelta; dinero que sobra de una compra y que se devuelve.

El joven príncipe se despidió de la anciana, compró otro caballo y salió a la ventura.

Mientras tanto, la joven había llegado a una gran ciudad, capital de un reino vecino al de su padre. Su primer cuidado fue vestirse de hombre y disfrazarse de la mejor manera posible, de modo que no conocieran que era mujer, y salió a dar un paseo por las calles. En una plaza en que había un grupo de personas, oyó decir que el secretario del rey había muerto y que no se encontraba un joven competente que lo reemplazara, y entonces ella, sin esperar un momento más se dirigió al palacio a ofrecer sus servicios. Al rey le agradaron mucho la figura del joven, sus modales y su letra, que era tan correcta como hermosa, y al punto lo tomó de secretario, ofreciéndole además un buen sueldo, habitación y comida en el palacio. El joven agradeció al rey sus beneficios y le rogó que le permitiera colocar en las caballerizas reales su caballo, del que no quería desprenderse, porque era un recuerdo de un amigo a quien mucho había querido.

El rey, que era viejo y solo, tomo cariño a su joven secretario, y prendado de su inteligencia, lo adoptó solemnemente como hijo. Era, en verdad, su brazo derecho, y nada se hacía en el reino sin consultarlo a él.

Pasaron meses y meses, no más de seis, cuando el joven príncipe llegó a la misma ciudad, y también el soldado, cada uno por diferente camino, y ambos sin conocerse, se presentaron en palacio solicitando un empleo, el cual se les concedió.

El mayordomo y todos los empleados del palacio comían en una misma mesa, en la cocina, que era muy espaciosa, y mientras comían, los comensales, por turno, referían historias, cuentos o sus propias aventuras. Cuando le tocó la vez al soldado, relató todas sus correrías, hasta terminar con el robo del caballo y de la niña, y era de ver como el muy bellaco se lamentaba de que una mujer lo hubiera engañado, y que, habiéndola tenido en su poder y podido hacer con ella lo que hubiera querido, ni siquiera le había tocado un pelo.

Mientras el ex-soldado contaba su última aventura, el príncipe le echaba el ojo a un hacha que estaba por ahí cerca, y apenas el ex-soldado terminó su relato, el príncipe la toma con ambas manos y alzándola, la deja caer con toda fuerza en la cabeza del causante de su desgracia, matándolo instantáneamente. El príncipe refirió entonces por qué motivo había procedido de esa manera, a fin de justificarse ante sus compañeros de trabajo, y en seguida pidió al mayordomo se le condujera a presencia del rey para que lo juzgara.

—Si me condenan a muerte, —decía por el camino— moriré tranquilo y contento, porque sé que ese miserable no sacó provecho de su acción.

Cuando era conducido donde el rey, pasaron por las caballerizas y al punto conoció a su caballo entre todos los que allí había, y lo mismo el noble animal, que relincho de gusto al ver a su antiguo amo.

Apenas entró el acusado a la presencia del rey, el secretario, que estaba con el monarca, conoció a su amado, pero se hizo el desentendido, y él mismo, con la venia del rey, lo interrogó.

¿Por qué has dado muerte a ese pobre hombre?

Para castigarlo del mal que me hizo, que me ha convertido en el ser más desgraciado de la tierra.

El secretario le ordenó que relatara su historia, para saber si se trataba de una muerte justa o de un simple asesinato, y entonces el príncipe le refirió todo, desde su encuentro con el falte hasta que mató al ex soldado, sin omitir detalle. Cuando terminó, la princesa, es decir, el secretario, le preguntó si podía comprobar de alguna manera que lo referido por él era cierto, y el príncipe, después de mostrar el retrato, que siempre llevaba consigo, agregó:

—Al traérseme a esta sala, pasamos frente a las caballerizas reales y vi el mío entre los caballos del rey, que no sé cómo ha venido a parar aquí. Si el caballo diese pruebas manifiestas de que me conoce, ¿no sería una prueba de que es verdad lo que he contado?

El rey y el secretario hicieron un signo de afirmación y todos se trasladaron a las caballerizas a presenciar la prueba. Poco antes de llegar a ellas, el príncipe comenzó a llamar a su caballo:

¡Negro! ¡Negro! e inmediatamente se oyeron relinchos de alegría y vieron al caballo saltar las vallas que cerraban su departamento y llegar corriendo donde su dueño y a ambos acariciarse.

Se encontró que la prueba era decisiva, y ordenando al mayordomo que los dejara solos, el rey, el secretario y el príncipe, volvieron a la sala de audiencia. El secretario pidió permiso para ausentarse por unos cuantos minutos, pasados los cuales volvió sin disfraces y vestido de mujer, con su mejor traje y ataviada de valiosas joyas. El príncipe la conoció inmediatamente y se echo a sus pies y entonces la joven, levantándolo, se dio a conocer al rey.

Al día siguiente se celebraron las bodas de los dos jóvenes, y el rey, que también adoptó al príncipe como hijo, abdicó el trono en su favor, viviendo los pocos años de vida que le quedaban, cuidado y mimado de los dos jóvenes, que tanto a él como a sus súbditos hicieron la vida blanda y feliz.

INTERPRETACIÓN

EL JOVEN PRÍNCIPE

Nos introducimos en el análisis simbólico de este cuento, detectando una situación inicial de carencia:

> "Este era un príncipe que andaba recorriendo los estados de su padre para imponerse de sus necesidades y poder gobernar con acierto cuando se hiciera cargo del reino, lo que parecía no estar muy distante, dado el deplorable estado de la salud del monarca".

Se trata de una carencia de orden social: un príncipe debe conocer su reino, para suceder a su padre enfermo en el trono. En una lectura interpretativa la carencia del monarca, la pérdida de su vigor físico, nos señala también un sentido más profundo de carencia espiritual, confirmado, por ahora, en el hecho de que el príncipe, según se dice, desea *gobernar con acierto* y para ello debe conocer las necesidades de sus súbditos, lo que por contraposición especulativa, suponemos no ha hecho (o ha dejado de hacer) el rey. Así el príncipe, la nueva generación, desea reparar esta falta poniendo remedio al distanciamiento creado entre trono y pueblo. Síntoma de este mal gobierno es, además, el hecho de que el príncipe deba salir a conocer su reino, en circunstancias que, conforme a su rol, debía conocerlo a través de la comunicación que debe tener un rey (su padre) con su pueblo durante el ejercicio de su gobierno. Tras la carencia que aparece (de orden social) se entrevé luego la carencia espiritual, introduciéndonos de lleno en la alteración del orden que estructura este tipo de relatos. En lo inmediato somos informados acerca de un príncipe preocupado de suceder en buena forma al rey, su padre, cuyo gobierno, según el tenor del relato, suponemos ha sido justo, pues nada de lo contrario nos dice el narrador. Sin embargo, entrando a analizar los elementos ya entregados del relato con miras a una interpretación, aparecen síntomas indicadores de que este reinado no es tan armónico, como parece, lo que se verá reforzado por el símbolo contenido en los demás elementos. Estamos pues frente a una situación de ruptura del "pacto social justo" entre gobernantes y gobernados, lo que, como veremos luego, empañará con una atmósfera de mera apariencia todo el relato, ocultando la realidad. Así realidad-apariencia encubrirán y revelarán simultáneamente la lucha entre el Bien y el Mal.

LA REVELACIÓN

Un día, al salir del bosque, el príncipe se encuentra con un buhonero, a quien compra el retrato que lo ha cautivado. El buhonero, que cumple aquí, el rol de donante, parece actuar motivado solo por la conveniencia de vender sus baratijas, en un encuentro marcado por la casualidad, pero no por la necesidad como es lo propio de todos los relatos de este tipo. La recepción de ese objeto mágico no es advertida por el héroe, quién aparece accediendo a las persuasivas proposiciones del buhonero, porque el narrador nos ha dicho que el joven *nada necesitaba*.

En un reino ordenado según el principio de la justicia, es imprescindible contar con un monarca íntegro; pero la carencia detectada nos sugiere una seria alteración del orden. El príncipe aparentemente no necesita nada, es decir, parece estar íntegro para el futuro gobierno, pero esa integridad es puesta en duda cuando le vemos sumergirse en la apariencia motivado por la curiosidad, cuando registra la mercadería del falte y centra su interés en el paquete de retratos de bellas jóvenes, el héroe, salido del bosque, a las puertas del conocimiento de sí mismo, se encuentra con el objeto que gráfica a la mujer amada, el complemento de su propio ser, pero el héroe no tiene conciencia de lo trascendental de este encuentro, porque en el fondo no tiene conciencia de sí mismo, no se conoce lo suficiente como para *reconocerse* (reconociendo la imagen del retrato). La identidad de su *ánima* como vivencia íntima le está vedada, porque accede a ella mediante la sola apariencia, la imagen, la fotografía. Así él actúa motivado por la curiosidad a buscar sin saber lo que busca, aunque la narración diga que el interés directo de sus afanes es social, y que él lo sabe. Lo que en verdad no sabe es dónde buscar realmente la capacidad de gobernar con acierto, y así restaurar el pacto, pues recorre el reino indagando la necesidades de los otros (los gobernados) sin conocer reflexivamente su reino interior, su verdadera identidad y capacidad. Es decir el príncipe atiende a reparar una carencia social sin advertir que hay en él una carencia de otro orden, mucho más urgente de sanar, una reparación personal imprescindible para lograr el equilibrio, la armonía de su alma, aquello que le proporcionará las virtudes necesarias para realizar un buen gobierno, aunque la engañosa realidad del cuento nos sugiera un estado de normalidad, de integridad. Por eso cuando el príncipe, posesionado por el *amor* que ha despertado en él esta bella joven, busca identificarla, no obtiene información alguna, es decir, pretende acceder a ella por la información dada por terceros, no por el propio mérito de encontrarla. Naturalmente nadie puede ayudarlo a reconciliarse con su *ánima*, es decir, nadie puede hacer por él lo que solo a él le corresponde hacer: el camino de la espiritualización, de la sublimación, el que le corresponde en primera persona, pues se trata de él mismo.

El príncipe, por lo demás, establece un vínculo con la joven del retrato mediante un *enamoramiento* a primera vista, es decir, a partir de la imagen, lo que nos hace sospechar desde ya la inconsistencia interior del héroe, que en esa etapa se nubla con la atmósfera aparente de las cosas, que se siente *aprisionado por el amor*, como si este fuera un efecto súbito y estático, como si se adquiriera en un mercado, entre muchas otras baratijas, cual si fuera un objeto.

LA AÑORANZA

El héroe de nuestro cuento es de *carácter sumamente tímido y reservado*, así que nada dijo a su padre de sus sentimientos y de la tristeza que le embargaba. Esta ausencia de comunicación nos remite nuevamente a la alteración del orden, vale decir, el príncipe no le entrega su confianza personal al rey, lo que sugiere la pregunta ¿qué confianza social puede entregar un pueblo a un rey que no goza ni siquiera de la confianza de su propio hijo y heredero? ¿Sigue siendo un orden social armónico? Por otra parte, el acentuado retraimiento del príncipe deja en evidencia que no está preparado para recibir el reino ni darle un buen gobierno.

La tristeza de no tener noticias de la dama se transforma luego en enfermedad. Su carencia personal es carencia de espíritu, se somatiza en el cuerpo por la dolencia del alma, y contra este mal nada puede hacer la medicina de terceros, porque la armonización del espíritu es tarea personal. Por otra parte, signo de inversión del orden social, es el hecho de que ni el rey, representante de la sabiduría social, ni los médicos, representantes de la sabiduría científica, son capaces de acertar con la carencia del príncipe. Esto nos revela que no poseen la sabiduría necesaria para adentrarse en el corazón humano y leer sus contenidos. Adelantamos que la única que conoce el mal del príncipe es una viejecita (auxiliar mágico), símbolo de lo insignificante, en el orden social que enmarca el relato, frente a la importancia de la corte. Estamos en presencia de un significativo detalle: la sabiduría reside en un orden diferente del que tradicionalmente la posee. La viejecita ve más que el propio rey, signo de la contradicción en que ha caído el reino por la falta de sabiduría del monarca.

El príncipe, luego de relatar al rey su pena, declara que *no volverá la tranquilidad a su espíritu mientras no se case con ella*. Hay aquí intuición de esta necesidad de conciliar el principio paterno, fuente de lo intelectivo y lo activo, con el principio materno, fuente de lo afectivo y receptivo, conciliación de principios contrarios que restituye al hombre la unidad, la integridad. El héroe siente (no lo sabe racionalmente) que solo casándose con ella puede vivir en armonía, pues el matrimonio es símbolo de unidad, es vínculo de identidad, que reúne principios contrarios para armonizarlos.

LA BÚSQUEDA

El héroe debe encontrar a su dama, debe salir en su búsqueda. El rey debe enviar mensajeros para encontrar a la joven, pero como esta búsqueda concierne solo al héroe, este, en su semilucidez, advierte que debe ir solo: *por nada del mundo se desprendería del retrato*, lo que nos revela que estamos frente a un héroe verdadero, a pesar de su falta de elevación espiritual, pues, aunque no lo sabe, siente que no puede confiar a nadie este objetivo trascendente. El rey, motivado por la gravedad del estado de su hijo, accede finalmente a su petición. Por su parte, advertimos que el rey solo es capaz de ver signos de sabiduría cuando se está en el límite de las situaciones: no posee (ha perdido) la capacidad de previsión, de interpretación de lo profundo del acontecer a partir de los datos aparenciales, (que es factor de sabiduría y augurio de estar en condiciones de vencer los obstáculos) pues su conocimiento es trivial, obvio, a partir de lo que aparece, lo que reitera esta falta de sabiduría que ha enfermado también al príncipe y que le tiene próximo a la muerte física, símbolo de su muerte espiritual.

La partida del héroe, que se hace acompañar solo del dinero que su padre le ha dado, nos introduce de lleno en esta búsqueda de la sublimación espiritual. El héroe ha llevado dinero, símbolo del poder económico-social, una especie de llave maestra para quienes se ponen a su servicio, dada la ordenación social que tratamos. Pero no es el dinero lo que le va a restituir su integridad, menos aún cuando este dinero no es fruto de su trabajo ni de su esfuerzo personal, sino que es aportado por terceros. Hay en el héroe una apreciación material del espíritu: el dinero sirve para subsistir en el orden externo, pero en el orden interno carece de valor, es extraño al sentido de la carencia del príncipe, que es de orden interior, espiritual. Sin embargo, tras recorrer el héroe caminos desconocidos, bosques y llanuras, llega a una hermosa ciudad. El héroe, en nuestra interpretación, tras sumergirse en el subconsciente (tierras desconocidas, bosques profundos) profundidades negativas, en que todo le es extraño, en el que hay momentos de claridad (llanuras) y de oscuridad, (bosques), se deja deslumbrar de nuevo por las apariencias de una hermosa ciudad, apariencias en cuanto su estadía allí fue infructuosa. Entonces, queriendo acceder al espíritu pero sin dar en el centro de sí mismo, abre un lujoso hotel, capaz de albergar con comodidad, a cualquiera que pudiese darle noticias de la amada.

El héroe, que como vimos, no está preparado para hacerse cargo del reino, cuando analógicamente lo hace, a través de la administración de su dinero, termina, despilfarrándolo. La experiencia del hotel fracasa, porque como proposición está respaldada solo por el poder monetario. El príncipe, aparentemente muy dadivoso, no hace sino malgastar sus recursos que son parte de los bienes del reino, anticipando así lo que ocurriría si realmente fuera rey. Nadie puede devolverle la identidad, la que no se compra con nada, pues su precio es de otro orden: exige un costo personal que conlleva una planificación espiritual, que demanda pruebas y certificaciones de su idoneidad. Esta experiencia en que el príncipe hace uso del poder del dinero sin la guía de la sabiduría, constituye lo que podríamos llamar la prueba del poder la que, junto a las pruebas de la vanidad y de la lujuria constituyen el tríptico capaz de revelar la consistencia interior del héroe, y su merecimiento del *ánima*, es decir su conciliación.

EL AUXILIAR

El príncipe una vez fracasada su empresa (vencido por el desvelo inútil del poder), se dirige a otra ciudad, muy poblada, donde investiga qué medio utilizar para llegar hasta su amada. En esto se le aparece la viejecita que, con solo verlo, conoce que la pena que lo acongoja no se refiere a cosas externas, sino que dice relación con su necesidad interior. La viejecita, extremo de la insignificancia social, es capaz de ver el corazón del héroe. Le habla con seguridad y dignidad, pues se sabe en posesión de la verdad, y el príncipe, en actitud humilde la escucha, tratándola conforme al valor del mensaje que trasmite y no por lo que ella socialmente representa. Aquí hay un atisbo del orden interior restaurado, en que prima la realidad profunda sobre la apariencia. El príncipe, entonces se muestra humilde, y confía en la viejecita sin reparar en la distancia social, como un buen rey sería capaz de ver la verdad, en el fondo de las gentes, no en los roles o el poder que representan, capacidad reveladora de la aptitud para un buen ejercicio del gobierno, regido por la sabiduría y la justicia.

La viejecita, que manifiesta ser bastante anciana y conocer bien el mundo, se pone al servicio del príncipe. Ella misma valoriza en él las cualidades que pueden aportarle experiencia y conocimiento del mundo, es decir, sabiduría. Ella conoce su pena y sabe que el príncipe más que satisfacer curiosidades, lo que necesita es consuelo El héroe no lo sabe, pero siente que está ante la verdadera sabiduría y se entrega a ella, en un acto de fe y humildad que nos hace recuperar nuestra confianza en él, pues le sabemos capaz de acceder finalmente a la sublimación de su espíritu, a partir de su humildad.

La anciana ve la fotografía y le comunica al príncipe la identidad, paradero y forma de acceso a la joven:

"Pero si este retrato es el de mi hijita, la princesa, a quien yo crié desde que nació. Pero vea usted, le va a ser muy difícil hablar con ella, porque la cuidan mucho de día y de noche, y cada año no sale sino tres días del palacio y siempre va entre dos damas de la corte. Casualmente, mañana sale. Colóquese usted en el camino por donde ella ha de pasar, y trate de llamar su atención de alguna manera y hablarle sin que sus compañeras lo noten".

A la luz de nuestra interpretación vemos que la advertencia de la viejecita es mucho más profunda. Al príncipe le va a ser muy difícil comunicarse con su *ánima*, es decir, reconciliar su espíritu, pues su verdadera identidad, esta custodiada o limitada por fuerzas que impiden su espontánea manifestación.

LA SEDUCCIÓN

El príncipe, que aún no está preparado, concibe el medio de atraer a la joven. Para ello compra, en la mejor tienda y a un alto precio, tres pelotas de oro: una adornada de rubíes, otra de perlas y la tercera, de diamantes. Notemos que si bien su objetivo es atraer a la joven, esta ostentación se acerca mucho más a la vanidad que a la sabiduría sugerida por su auxiliar: el amor sublime no se despierta por la vanidad de la que el ser amado hace gala, sino que por las cualidades de la persona, que, mientras más sólidas, resaltan más en su sencillez. El príncipe pudo haberla atraído solo por su presencia, poniéndose en un lugar visible, pero recurre nuevamente al camino de la materialidad para despertar el interés de la joven. Si el interés fuese verdadero sería capaz de penetrar en el corazón del otro y trascender la forma o apariencia que lo encubre. Como un niño, el príncipe se pone a jugar con la pelota de oro adornada de rubíes, en el camino por donde pasaría la joven. Esta, al verlo, se siente atraída por el lujo y va donde el príncipe a pedirle que se la venda. El no se la vende, se la regala como recuerdo de su servidor. Aquí, su *ánima*, también envuelta en la seducción de la materialidad, no ha despertado de las sombras de la apariencia y se deslumbra ante el brillo mundano. La relación entre el héroe y un *ánima* dada por el juego de la vanidad, constituye el nexo destinado a romperse en la primera oportunidad en que se presente un conflicto. La inconsistencia junta a los jóvenes, pero no los integra, pues no podemos decir que el héroe ha encontrado a su imagen, que está a las puertas de la conciliación, porque está claro que la relación que se genera entre ellos ocurre a partir de las apariencias: *tan buen mozo tan generoso y tan cumplido* dirá de él la princesa a la viejecita, aun cuando sabemos que estas cualidades del espíritu no pueden conocerse sin ver el corazón del héroe. Mal puede conocer las cualidades del héroe, cuando este aún no las posee en plenitud. La princesa ansía saber cuál ha sido la impresión que ha causado en el joven: *¡Cuánto diera por saber qué piensa de mí!*, señala a la viejecita. En la joven se advierte un deseo de ser aprobada a partir de lo que se ve desde fuera, un juicio aparencial, que dista del conocimiento sabio, y es propio de la mera coquetería.

La viejecita es indudablemente más sabia, pues sondea al joven para cerciorarse, como en un examen de conciencia, de la progresión de su espíritu. El príncipe se ha enamorado solo por la imagen, y en las piedras preciosas ha propuesto, sin estar consciente de ello, una especie de sortilegio, una ayuda externa, para que este amor se haga realidad. Bien vale detenerse aquí en el simbolismo de estos minerales. El oro es la concreción de la luz solar y por consiguiente simboliza la inteligencia divina. Por eso el oro trasmite una cualidad superior a su mera utilidad. El oro es un elemento esencial en el simbolismo del tesoro escondido, imagen de los bienes espirituales. Para los antiguos, por otra parte, los rubíes, tenían la facultad de reprimir la lujuria y de espantar los malos pensamientos, así como los diamantes estaban destinados a preservar el amor, lo que dio pie para que se les llamara *piedras de reconciliación*.

La perla, simboliza el genio en la oscuridad también el centro místico y la sublimación.

Con estos antecedentes vemos que las pelotas de oro encierran algo más que lujo, aunque el joven no sepa exactamente qué está entregando a su amada. ¿Qué hace con este tesoro el príncipe?: la bola de oro (luz del espíritu) está adornada de preciadas cualidades, pero el príncipe no hace uso de ellas. En primer lugar, se apropia de ellas mediante el dinero, tal como ha adquirido el retrato; no son producto de su calidad interior, por lo tanto, solo puede darlas a la princesa como objetos, que ella desea tener con la impaciencia del coleccionista. Le interesan no porque sean cualidades del *ánimus* sino porque representan la riqueza y el lujo. La vanidad queda reforzada por el detalle de que en la segunda ocasión, el príncipe le dice a ella que guarde la bola de oro "como recuerdo del mayor de sus admiradores", revelando cierto egocentrismo que nubla el encuentro con el otro, pues, carente de humildad, irradia una sobrestimación de sí mismo, a partir de las cualidades superfluas. Lo que debe interesar al *buen amor* no es el impacto que causa en el otro, sino la calidad y profundidad de los contenidos que aporta. Tres veces se reúne el príncipe con su amada, regalándole las tres bolas de oro. Notamos una progresión del héroe y su amada en el inconsistente amor que se manifiestan, pero que no se comunican en profundidad: Sin embargo, en este, reino de las apariencias, al príncipe le parece conveniente *liberar* a la joven y poseerla.

Vencidos por la vanidad, deciden consumar este falso amor que les parece verdadero.

EL RAPTO FALLIDO

Para proceder a esta *liberación*, planean en complicidad una fuga, nocturna, por una callejuela solitaria, a caballo. Si estuviésemos en presencia del buen amor, ¿sería necesario el huir, como fugitivos, asociados a lo ilícito? Más que de fuga, bien podría hablarse de robo, pues el héroe se quiere apropiar de algo que no es suyo por derecho. Sin duda, nos alejamos aquí del buen amor caballeresco, con el que se emparenta este tipo de relatos. Jamás imaginaríamos a un caballero raptando tan truculentamente a su dama, bajo el pretexto de resguardar su bien. La aparente liberación del *ánima* no es más que fuente de su degradación, pues ha caído presa de la lujuria, aproximándose a ceder en esta tercera prueba.

La huida está marcada pues, por signos de lujuria: el caballo representa aquí, la bestialidad no domada por el espíritu, sus instintos no regidos, desatados en la oscuridad de la conciencia. El príncipe no logrará montar a la bestia hasta que no demuestre su elevación espiritual, su sublimación. Signo de destiempo, de no estar en el momento apropiado para integrarse a su *ánima* es el hecho de la anticipación con que llega al lugar de la huida. El héroe se queda dormido, yaciendo en la tierra: el espíritu no ha despegado lo suficiente como para merecer nada sublime. La princesa tampoco está en armonía pues se hace cómplice de esta falta. El sueño vence al héroe, lo nubla de nuevo, como lo ha nublado la vanidad y como lo ha desviado el dinero: su debilidad, es manifiesta.

EL IMPOSTOR

En medio de su indefensión aparece un soldado, vestido de paisano —un caballero sin los atributos de tal— que, tentado por el caballo (el instinto desatado) accede a sus pasiones. Mas algo hay de despierto en este héroe: el soldado, símbolo de las fuerzas negativas del héroe, desea asegurarse de su indefensión de espíritu para lograr sus fines, pero no puede despertarlo. El espíritu yace a merced de los instintos: el Bien está indefenso ante el Mal, porque no posee la lucidez (sabiduría) para advertirlo. Así, el soldado, que cumple el rol de oponente, propina una agresión al héroe, llevándose a la dama y al caballo.

El *ánima* —paralelo del héroe— no advierte el engaño hasta que es tarde. Así la princesa está a merced de este dibujo de falso héroe. Allí no tiene más alternativa que luchar o sucumbir. Debe pagar su falta anterior: haberse enamorado de las apariencias que no le permiten reconocer su extravío.

Bajo formas paternales de trato (*hijita*), el soldado pretende ocultar sus oscuros propósitos. Pero la princesa (progresión del espíritu) presiente la impureza, impele al soldado a galopar hasta el bosque, bajo el pretexto de ocultarse de la persecución que, se supone, han iniciado los criados de su padre.

Tiene prisa por llegar porque intuye que allí algo va a ser decisivo. En el bosque (el subconsciente) ocurre su iniciación, por la que se introduce en esta progresión espiritual. Allí no le vale el dinero, ni la nebulosa del lujo ni el amor engañoso, solo le vale su virtud, personal, la lucha entre el Bien y el Mal continúa en esta caída. Esta iniciación que la fortalece, la hace tomar decisiones para sortear su disyuntiva: vencer o sucumbir. Le pide al soldado que vaya a pie al pueblo a traerle una taza de caldo y que, para no ser reconocido, se despoje de manta, sombrero y espuelas (símbolos fálicos). El soldado así lo hace. La princesa rompe con la lujuria, despojando al soldado de su disfraz de humanidad, de virtud, para dejarle al descubierto, indefenso, a pie.

EL DISFRAZ

La princesa toma los atuendos masculinos y con ellos simbólicamente comienza a asumir su parte complementaria. No se ha reconciliado con su *ánimus* porque solo posee de él cosas externas, pero se está encaminando a ello. Cuando logra deshacerse de la lujuria, se disfraza de hombre y huye en el caballo. Cuando el soldado vuelve, se maldice por su estupidez y va en su búsqueda, a pie. Pero el intelecto corre más lejos que el instinto. Ahora bien, si consideramos las pelotas de oro que ha recibido del príncipe, entendemos que si bien no eran verdaderos objetos de amor, le han prevenido de caer en la lujuria y le han dado fortaleza para emprender su liberación auténtica.

Mientras tanto, el príncipe, que se ha despertado sin entender nada, se sume en la tristeza y se repliega. No cumple ni su rol caballeresco ni su rol personal: ya no es el activo, sino el pasivo. Nuevamente, en este vagabundeo por la ciudad, por sus calles (el laberíntico pensamiento), se encuentra con el símbolo de la sabiduría. La viejecita lo auxilia, refiriéndole todo cuanto ha ocurrido. El príncipe continúa su búsqueda, llegando al mismo lugar donde ha llegado la joven. Está de incógnito, disfrazada de hombre, sabe que en palacio necesitan un secretario y accede al puesto, pues ha agradado al rey por su figura, modales y letra, méritos que si bien no son fundamentales, la caracterizan por serles propios. Con este trabajo tiene acceso a comida, dinero y habitación, es decir, a todo lo necesario para independizarse. La princesa, agradecida del rey, le pide que le conceda guardar su caballo en las caballerizas, pues es recuerdo de un buen amigo a quien había querido mucho. Es decir, pone a resguardo lo instintivo hasta que pueda reconocerlo armónicamente, pues para entonces se habrá conciliado con el intelecto: su *ánimus*. El rey, que era viejo y solo (carencia) tomó cariño a la joven y quedo prendado de su inteligencia, fijándose en la virtud interior de su nuevo secretario. Su sabiduría logra reconocer la progresión espiritual de la princesa. Es esta la primera vez en que el relato señala una virtud espiritual de la joven. El rey señala su figura, modales y letra hasta reconocer su maduración completa. El secretario (la princesa) se convierte así en el brazo derecho del rey, en el verdadero gobierno de la sabiduría.

EL ENFRENTAMIENTO

El príncipe, que ha llegado a palacio, se emplea con el mayordomo (humillación necesaria a la posterior exaltación). El soldado, por opuesto camino, ha venido también a emplearse a palacio y el príncipe le reconoce cuando aquel narra a sus compañeros de oficio sus aventuras, incluyendo su fechoría con la princesa, queda así al descubierto y es castigado por el héroe, quien lo mata de un hachazo en la cabeza, el espíritu (*ánimus*) ha vencido a la lujuria. Muerta la fuente de su desvarío, su espíritu cobra vigor pues está libre para poseer al *ánima*. De esta libertad interior proviene la tranquilidad con que el héroe se enfrenta a la sociedad (sus compañeros de labores). Así a plena luz del día, en presencia de testigos, de frente al mundo, el príncipe aniquila al símbolo de la lujuria. El orden se altera de nuevo, pero esta vez es para restaurarse en el buen amor: la pasada truculencia de la huida, (autorización para la lujuria) es ahora reparada por la luz del espíritu que se ha hecho para el héroe, por la intrepidez con que ha desarrollado sus virtudes. Para él es ahora más importante el sentido de la justicia que la vida misma, lo trascendental que lo pasajero, pues la vida verdadera solo puede darse en la tranquilidad de la conciencia. Se atreve a ser juzgado porque se sabe en posesión de la verdad, de la rectitud de su intención, que implica la defensa de la honra, por lo que debe batirse con el agresor. Esta defensa debe ser también una reparación social, por lo que ejerce justicia de cara a los demás.

EL REENCUENTRO

Cuando el joven es conducido a la presencia del rey, reconoce a su caballo que está, por motivos que ignora, guardado en la caballeriza: el héroe ha confinado su bestialidad, mediante su *ánima*, pero no convive armónicamente con ella aún. En presencia del rey, la princesa reconoce a su amado, pero se hace la desentendida: su maduración espiritual le ha otorgado la virtud de tal prudencia. Así, en su calidad de secretario real interroga al príncipe. Este, que no la ha reconocido, comienza a relatar todo, desde su encuentro con el falte, hasta que mató a su agresor. Revisa su conciencia, trayendo a la luz lo que hasta ahora le había sido vedado: su búsqueda y su propósito. Reconoce en el agresor la influencia del Mal que lo ha dañado y justifica su muerte como un castigo reparador. Es capaz de distinguir entre muerte justa y simple asesinato, pues empieza a tomar conciencia de sí mismo. El intelecto iluminado le permite distinguir entre un hecho del mal y un hecho del bien.

Pese a la intención de veracidad del héroe, la princesa, guiada por la prudencia, espera hasta que su amado sea capaz de probar su virtud para descubrirse ante él. La prudencia le hace guardar la impaciencia de la entrega hasta descubrir si está en presencia del buen amor. Recordemos aquí con cuanta impaciencia ella se había dirigido al joven para comprarle las pelotas de oro, y con cuanta impaciencia el joven ha llegado prematuramente a la cita de la huida, antelaciones que se alejan de la prudencia.

El príncipe propone como prueba de verdad el hecho de presenciar el reconocimiento de su caballo: si el instinto bestial diese pruebas manifiestas de que reconoce al intelecto, ¿no sería ello prueba de que ha sublimado su espíritu y se encuentra apto para merecerse y merecer a su *ánima*? Efectivamente, frente a frente, el héroe llama a su caballo: ¡Negro! ¡Negro!. El animal, marcado con el dolor simbólico de la falta de iluminación, de la negatividad, inmediatamente salta las vallas que lo sujetan y dando manifestaciones de alegría llega donde el héroe. Hombre y bestia se acarician, se han conciliado. El instinto efectivamente ha sido domado, reconoce a su dueño en un encuentro armónico. Como lo apunta el relato, *se encontró que la prueba era decisiva.*

Todos volvieron a la sala de audiencia. La princesa pidió permiso para ausentarse durante algunos minutos, al cabo de los que volvió *sin disfraces y vestida de mujer, con su mejor traje y ataviada de valiosas joyas.* El *ánima* ha recuperado su identidad, adornada con las verdades espirituales simbolizadas por las joyas. La princesa, en la certeza del buen amor, se presenta acorde a su condición de tal. Lejos está de la vanidosa ostentación de las pelotas de oro, esta vez la adornan sus propios atributos. El príncipe, reconociéndola, *se echó a sus pies, y la joven, levantándolo, se dio a conocer al rey:* el *ánimus* se postra ante su *ánima* cortésmente; le conoce porque está en posesión de la sabiduría y frente a la virtud. Tal es la conciliación de los principios paterno y materno. El intelecto asociado a la afectividad integra y enriquece el corazón de cada cual, augurando el equilibrio que proporciona la paz. La princesa, despojada voluntariamente de su cariz masculino, se presenta en el esplendor de su femineidad, para conciliarse con la masculinidad de su *ánimus*. La conciliación se asume en el rito del matrimonio, que señala el reconocimiento social de la espiritualidad del héroe en equilibrio.

El rey, que también adoptó al príncipe por hijo, abdicó el trono en su favor, *viviendo los pocos años de vida que le quedaban, cuidado y mimado de los dos jóvenes, que tanto a él como a sus súbditos hicieron la vida blanda y feliz.* La vieja sabiduría dio paso a la nueva sabiduría, conciliándose para augurar un buen gobierno y reparar la carencia social. El orden social ha sido restablecido, al menos para este cuento, Si bien el relato nos induce a pensar que el gobierno del príncipe fue muy bueno, conocemos que prodigó a sus súbditos una vida blanda y feliz. Si *blando* alude a debilidad de espíritu nos surge la contradicción que viene a ser desarrollada en la especulación post cuento, que se escapa estrictamente de nuestro análisis. Solo pensemos que podamos estar ante un nuevo ciclo de carencia y restauración, aún cuando por el momento nos arrulle este *final feliz*.

Marisol Robles
Verónica Veloz

EL PRÍNCIPE LORO

EL PRÍNCIPE LORO

Para saber y contar y contar para aprender, aserrín, aserrán, los maderos de San Juan, los de roque alfandoque, los de rique alfeñique, triquitriqui triquitrán. Este era un caballero viudo que tenía una hija muy hermosa llamada Mariquita, a quien quería extremadamente y mimaba y daba gusto en todo. Pero Mariquita se encontraba muy sola y quería que en su casa hubiera otras niñas con quienes jugar y divertirse, mientras su padre salía a sus ocupaciones.

Pues bien, en la casa vecina había una viuda que tenía tres hijas jóvenes, mayores que Mariquita y bastante feas; y esta viuda, siempre que veía a Mariquita, la obsequiaba con dulces y toda clase de golosinas; y sus hijas también le hacían mucho cariño, y le decían: —Aconséjale a tu papá que se case con la mamá y entonces viviremos juntas y nos pasaremos jugando todo el día. —Y tanto se lo dijeron y tanto la acariciaron, que Mariquita llegó a creer que sería la niña más feliz de la tierra si se efectuaba aquel matrimonio, y comenzó a majaderear a su padre pidiéndole a todas horas que se casara con la vecina; hasta que el padre se rindió a los ruegos de la niña, nada más que por darle gusto, y se llevó a cabo el casamiento.

Pero apenas celebrado el matrimonio, cambiaron por completo las cosas: en vez de caricias, dulces y golosinas, la pobre Mariquita no recibía de su madrastra e hijas, sino malos modos, reprimendas y golpes.

La pobre tenía la culpa de lo que le pasaba, así es que todo lo soportaba en silencio y nada decía a su padre; y hubiera seguido callando sus sufrimientos quién sabe hasta cuándo, si no se hubiera colmado la medida. Una vez que el dueño de casa estaba ausente, las hijas de la viuda la arrastraron de las trenzas, y como ella se quejara a su madrastra, esta mujer pícara, en vez de reprender a sus hijas por su mala acción, tomó un palo y le aplicó tres o cuatro fuertes golpes, diciéndole: —Ven a quejarte, sinvergüenza, ¡quizás qué maldades habrás hecho cuando mis niñitas te han castigado!—Pero lo cierto era que las tres muchachas odiaban a Mariquita, le tenían envidia porque era hermosa y ellas eran feas, porque era la única heredera de los bienes de su padre y ellas eran pobres; y por eso mismo la vieja no podía verla.

Cuando llegó el caballero, Mariquita le contó lo que le había pasado y la vida de sufrimientos que hasta entonces había llevado; no le hizo cargos, pero le suplicó que la dejara irse a vivir sola a una casita que le había dejado su madre al morir. Y el caballero accedió, pues no veía otro modo de que volviera la tranquilidad a su familia.

Después de tantos días de padecimiento siguieron otros de bonanza para Mariquita. Su vida se deslizaba entre los quehaceres de la casa y el cuidado de un jardincito y de algunos árboles que la convidaban con su sombra a descansar.

Una tarde, mientras barría el patio, oyó que le decían: —Mariquita, ¿te ayudo a barrer?— Asustada, miró a su alrededor, pero no vio a nadie. Nuevamente se oyó la voz: —No te asustes, Mariquita, soy yo quien te habla desde las ramas del peumo[3]. Miró ella hacia arriba del árbol y vio un loro vestido de brillantes plumas de los más bellos colores.

— ¡Ay lorito lindo, le dijo— quién pudiera merecerte![4]

— ¿Quieres que baje? —le contestó el loro.

---

[3]   Peumo, árbol bastante grande, de la familia de las lauríneas, que produce frutos comestibles. *Cryptocaria peumus.*

[4]   Merecer una cosa = obtenerla, conseguirla.

—Sí, baja y quédate conmigo. Serás mi compañero. ¡Estoy tan sola! ¡Cómo te cuidaré! ¡Qué cosas tan ricas te daré de comer!: Nueces, chocolate, pan con vino, dulces...

—Ahora no puedo —contestó el loro; —tengo que irme, pero volveré en la noche. Déjame en la ventana, abierta, una palangana con agua, un paño de manos, una peineta y un espejo. —Y emprendió el vuelo.

En cuanto se obscureció, Mariquita abrió la ventana y colocó en ella los objetos que el loro le había encargado, y llena de impaciencia se sentó a esperarlo. Cuando daban las 12, sintió el ruido que producían las alas del loro, que se acercaba; lo vio meterse en el agua y bañarse alegremente; después salir de la palangana y secarse; en seguida, peinarse las plumas, mirándose en el espejo; y por fin, dando un salto, caer arrodillado a sus pies, convertido en el más bello príncipe que hubiera podido soñar.

Nada diremos de lo que hablaron; pero sí, que en la mañana, al despedirse, le prometió volver todas las noches y acompañarla hasta el amanecer. Y entregándole una gruesa suma de dinero, se zambulló en la palangana, y convertido nuevamente en loro, dio un volido y se perdió en el espacio.

El loro cumplió su promesa y sus visitas se repitieron noche a noche.

Mariquita se sentía plenamente feliz; el príncipe la adoraba; costosos trajes de seda cubrían su cuerpo y valiosísimas alhajas adornaban sus orejas, su cuello y sus brazos.

Cierta ocasión en que una de sus hermanastras pasaba por su casa, la divisó en la ventana y fue a contar a su madre y hermanas cómo había visto a Mariquita tan lujosamente vestida y alhajada.

—Alguien le da dinero —dijo la vieja— porque ella no tiene para comprar cosas de tanto valor; y es bueno que vayas tú a verla y te quedes a dormir allá —agregó dirigiéndose a la mayor de sus hijas— y que observes lo que pasa y nos vengas a contar lo que veas.

Y al otro día la mayor fue a visitar a Mariquita y le contó mil mentiras: que sentían tanto que se hubiera ido de la casa; que la echaban tanto de menos; que no fuera ingrata; que su mamá y sus hermanas se morían de ganas de verla, y que ella venía a acompañarla todo el día y toda la noche. Mariquita, siempre bondadosa, le dio las gracias y le hizo mucho cariño; pero temiendo que en la noche sintiera llegar al príncipe y los oyera hablar, durante la comida le sirvió vino a cada rato, y la muchacha, que era aficionada al trago, se bebía los vasos uno tras otros; y tanto bebió, que antes de levantarse de la mesa tenía la cabeza completamente trastornada y habría podido pasar una carreta por encima de ella sin que la sintiera. Mariquita la acostó en una pieza contigua a la suya y esperó tranquila al príncipe...

La alojada se levantó al otro día no muy temprano, después de pasar la noche de un sueño, y sin que se hubiera dado cuenta de lo que ocurría tan cerca de ella. Cuando llegó a su casa, le contó a su madre y hermanas cuán bien puesta tenía Mariquita la casa y cómo la había servido, con lo que más se encendió la envidia de aquella mala gente. La madre se enojó con la muchacha porque no había visto lo que importaba ver; y ordenó a la mediana que fuese, a su vez, a pasar con su hijastra, recomendándole que no se quedase dormida y se fijase en todo. Pero a ésta le pasó lo que a la mayor, que se embriagó y volvió a su casa sabiendo de nuevo tanto como sabía antes de salir.

Pero la menor, que era la más fea, la más envidiosa y la que más odiaba a Mariquita, le dijo a su madre: —Yo iré ahora y lo averiguaré todo.

Y así fue, en efecto, porque, como sólo fingió beber, no se durmió y pasó la noche en vela, y por el ojo de la cerradura de la puerta que comunicaba su dormitorio con el de Mariquita, vio llegar al loro, le vio bañarse en la palangana y convertirse en hermosísimo príncipe, y por fin, sentarse al lado de Mariquita, hablarla cariñosamente y acariciarla. La rabia se la comía viva y no veía la hora de que amaneciese para regresar a su casa. La noche entera permaneció pegada al ojo de la cerradura, sin pestañear, sin moverse, a pesar de lo incómodo de la postura, así es que de todo se impuso hasta el momento en que, aclarando el día, el príncipe entregaba a su amada una bolsa de dinero, se despedía con un cariñoso beso y, metiéndose en la palangana, emprendía el vuelo transformado en loro.

Un rato después, la envidiosa joven se despedía de su hermanastra asegurándole que había pasado un día y una noche excelentes, y que, si no le era pesada, repetiría la visita. Mariquita le dijo que, al contrario, le daría mucho gusto su compañía, que viniera siempre que quisiera, con la seguridad de que sería bien recibida. Salió la muchacha sonriente de la casa de Mariquita, pero apenas se apartó lo suficiente para no ser vista, echó a correr hasta llegar a su casa, a la que entró a los pocos instantes, convertida en una verdadera furia.

—¿No ve, mamá, cómo yo me impuse de todo? Estas tontas pasaban la noche durmiendo y no veían nada; pero yo no dormí y lo vi todo, todo, todo!

Y hablando precipitadamente, refirió cuanto había presenciado.

Una vez terminada la relación, dijo la madre:

—¡Ah! ¿Con que esas tenemos? Lo que es esta noche no hablará esa cochina con su famoso príncipe. Yo iré, y va a saber lo que es bueno.

Efectivamente, poco antes de las 12 de la noche llegó la vieja, ocultándose en la sombra, a la ventana por donde entraba el príncipe, y sin hacer el menor ruido, puso en la palangana tres navajas abiertas, muy afiladas, con el filo hacia arriba, y se quedó atisbando a la distancia.

Dando las 12 llegó el loro, y, como de costumbre, se dejó caer en la palangana, pero esta vez se hirió el cuerpo con las navajas. El dolor que experimentó le hizo lanzar un agudo grito; y viendo a Mariquita, que había acudido presurosa a ver qué había sucedido, le dijo con tono dolorido:

—¿Qué te he hecho, ingrata, para que me trates así? ¿De esta manera pagas mi cariño? Hoy precisamente cesaba mi encantamiento, y con tu acción me has perdido, tal vez para siempre. Pero si alguna vez llegaras a arrepentirte de tu conducta y quisieras buscarme, zapatos de hierro tendrás que gastar para dar conmigo.

Y se lanzó volando al espacio, en medio de las lágrimas de la pobre niña, a quien no dejó tiempo de decir ni una palabra, y que, sólo cuando vio las navajas en el agua, enrojecida con la sangre del príncipe, se dio cuenta de lo acaecido.

La vieja todo lo vio y todo lo oyó desde el escondite en que estaba en asecho, y radiante de gozo por el éxito que había alcanzado, se fue a su casa a referirlo a sus hijas.

Las tres celebraron lo ocurrido; pero quien se sintió más feliz con la desgracia de Mariquita, fue la menor.

Mariquita lloró un buen rato amargamente, pero pensó que mejor que llorar era salir a buscar a su esposo. Mandó hacer inmediatamente un par de zapatos de hierro, que se calzó en cuanto se lo entregaron, y partió a la ventura sin más equipaje que un atado de ropa blanca, para mudarse, hilo, aguja, unas buenas tijeras y una botella para el agua. Con su atado al hombro, anduvo mucho tiempo, por llanos y cerros, sin descanso ni reposo, sufriendo mil quebrantos y miserias, hasta que un día en que ya no podía más de fatiga, llegó a un monte, cerca de una laguna, y se tendió a descansar en la espesura. Y al estirar las piernas para estar más cómoda ¡Oh felicidad! notó que sus zapatos de hierro tenían la planta completamente gastada y que por la punta de ambos asomaban los dedos de sus pies; señal evidente, pensó, de que pronto encontraría a su amado.

Comenzaba a anochecer. Mariquita, rendida de cansancio, dormitaba con los párpados cerrados; pero no alcanzó a dormir, porque el ruido de un fuerte aleteo que cesó muy cerca de ella, la hizo abrir los ojos y prestar atención. Casi al mismo instante sintió un nuevo aleteo, y oyó esta conversación:

—Qué hay, comadre, ¿cómo está? y usted, ahijada, ¿está bien?

—Estamos buenas, comadre. Aquí nos ve, que acabamos de llegar de nuestra casa, en donde dejamos durmiendo al viejo tonto de mi marido y a mis dos hijas mayores, que no valen más que él. Si la única digna de mí, es su ahijada, comadrita, y por eso me hago acompañar de ella a todas partes, desde que es bruja como nosotras.

¿Y qué noticias nos trae usted del príncipe loro? ¿Se morirá pronto?

—Ya podía haber reventado —dijo la ahijada.

—No le quedarán, comadre, más de dos o tres días de vida. Se le han corrompido las heridas que se hizo en la palangana con las navajas que usted le puso, y los médicos no atinan con el remedio. ¿Y qué van a atinar? Pero hablemos más bajo, comadre, y ocultémonos bien, porque las paredes tienen oídos y los matorrales ojos[5]. ¿Cómo van a adivinar, dijo, que el príncipe sanaría en tres días, si nos sacaran a cada una de nosotras una pluma del ala derecha y cada día le pasaran por las heridas una de estas plumas untada en nuestra sangre? Pero para esto tendrían que matarnos.

—¡Qué lo van a adivinar, comadrita de mi alma! ¡No lo permita el Diablo que lleguen a saber tal cosa!

—Vámonos a dormir, comadre. Estoy que me caigo de sueño, porque me levanté muy temprano.

—Lo mismo nosotras, comadre. Vamos a acostarnos, y mañana seguiremos nuestra conversación.

Y patojeando[6] se metieron por entre unas totoras que había a la orilla de la laguna.

Las que así hablaban eran tres brujas: la madrastra de Mariquita, su hija menor y la madrina de ésta, que todos los sábados en la noche se reunían ahí, transformadas en patas, a contarse las novedades de la semana.

Mariquita esperó cerca de una hora, y saliendo de su escondite armada de sus tijeras, que eran grandes y muy afiladas, se dirigió al lugar en que estaban las patas. Las tres se habían situado a alguna distancia una de otra. A la primera que encontró Mariquita fue a su madrastra y tomándola del cogote, se lo

---

[5]   Exactamente como en los cuentos sicilianos: *Cei saria lu rimèddiu; nía nun ti lu vogghiu diri, pirchì li macchi hannu occhi, e li mura hannu oricchi.* (Piteé, *Fiabo, Novelle e Racconti popóla-ri siciliani,* t. I, pág. 338); y también *Li mura liavunocci, e li macci hanu aur'icci.* {Ibidem, t. II. p. 99). El primero, en el dialecto que se habla en Palermo; el segundo, en el que se habla en Noto.

[6]   Patojear: Andar como los patos, moviendo el cuerpo a uno y otro lado.

cortó de un solo tijeretazo. Recogió un poco de sangre en la botella que había llevado consigo, y arrancándole una pluma del ala derecha, se fue en busca de otra pata, que encontró pronto y resultó ser su hermanastra, e hizo con ella lo mismo que había hecho con su madrastra; y por fin, ejecutó igual operación con la comadre; después de lo cual se dirigió apresuradamente a la ciudad. Al llegar, cambió sus vestidos de mujer por los de un hombre que encontró en su camino, a quien pagó el cambio con todo el dinero que llevaba, y así disfrazada entró a la ciudad.

A poco andar encontró a una viejecita que iba muy triste, y deteniéndola, le preguntó:

—¿Qué sucede, mamita, que va tan afligida?

—¿Qué ha de suceder, pues, hijito? —contestó la anciana—. Que el príncipe, hijo del rey nuestro amo, está agonizando y los médicos dicen que difícilmente pasará de hoy.

—¡Ay, mamita! Yo soy médico, y si pudiese entrar al palacio sanaría al enfermo en tres días.

—¿De veras, hijito? Yo lo llevaré al palacio; yo crié a mis pechos al príncipe y puedo entrar a la hora que quiera.

Y se fueron las dos para el palacio.

La viejecita habló primero con el rey, y él ordenó que dejasen entrar al joven médico a la pieza del príncipe, exigiendo aquél que lo dejaran solo con el enfermo.

Mariquita, cuando quedó sola, rompió a llorar amargamente: el príncipe tenía los ojos cerrados, estaba sin conocimiento y sus heridas despedían un olor sumamente desagradable. Y así, llorando, tomó una de las plumas arrancadas de las alas de las patas y untándola en la sangre que llevaba en la botella, la pasó suavemente por las heridas del príncipe.

Al otro día temprano, fue el rey a ver a su hijo.

—¿Cómo lo encuentra? —preguntó al falso médico.

—Mucho mejor, señor. Acérquese y mire: los gusanos han desaparecido y las heridas han formado costra.

Y así era en efecto.

El médico pidió que lo dejasen solo hasta el día siguiente, y el rey se retiró contentísimo y con la esperanza de que su hijo viviría.

En cuanto salió el rey, Mariquita aplicó otra pluma con sangre de las brujas a las heridas del joven, que al punto recobró el conocimiento. Las costras se desprendieron y fueron cayendo poco a poco. Al otro día fue nuevamente el rey y encontró a su hijo tan mejorado, que ya hablaba. Naturalmente salió aún más contento que de la visita anterior.

Inmediatamente después de retirarse el rey, Mariquita pasó por todo el cuerpo del príncipe la tercera pluma con el resto de sangre que quedaba en la botella, y al punto el enfermo quedó completamente sano y pidió su ropa para levantarse. Mariquita se dio a conocer, y en medio de la alegría del príncipe, le contó todo lo que había sucedido desde que se hirió, y cómo, por la conversación de las brujas, llegó a saber que su madrastra había sido quien había colocado las navajas en la palangana.

Cuando Mariquita concluía su relato, entró el rey, y no es para contada la alegría que experimentó al ver a su hijo completamente sano y en pie. El príncipe refirió a su padre cuanto acababa de saber de Mariquita y le rogó lo dejase casarse con ella, ya que ambos se amaban tiernamente y a ella le debía la vida. El rey consintió gustoso, y el matrimonio se celebró a los pocos días, en medio del mayor entusiasmo de todos los habitantes del reino.

Y de ello puedo yo dar fe, porque me encontré en el casamiento y comí y bebí tanto, que casi reventé.

Y con esto se acabó el cuento y se lo llevó el viento para el mar adentro.

INTERPRETACIÓN

En este cuento el protagonista es una mujer, lo cual, en lo que se refiere al proceso de perfeccionamiento personal tiene aspectos que son exclusivos de la psique femenina.

Desde el comienzo de la narración se quiere dejar constancia de que Mariquita es huérfana de madre y vive con su padre viudo, quien la ama entrañablemente y la mima dándole gusto en todo. Y como en otros cuentos en que el protagonista ha perdido a uno o a ambos progenitores, se ve que la mención de esa carencia se enfatiza porque determina algo importante en el carácter de la persona.

La buena relación de los padres con los hijos es una condición básica para su desarrollo psíquico, de modo que en este caso, la pérdida de la madre es una carencia que en algún modo condiciona el desarrollo de Mariquita, determinando una relación con su padre que no parece apropiada para su formación.

El padre es el primer hombre en la vida de una mujer, y si ese primer hombre, con toda la autoridad y gravitación que un varón adulto puede ejercer sobre una niña, resulta extremadamente permisivo e indulgente, deja en la psique de su hija una marca que tenderá a manifestarse analógicamente en la relación que ella tenga con el hombre con que ha de formar pareja.

En esta narración parece que el matrimonio del viudo con su vecina, que ocurrió solo porque él quiso satisfacer un deseo baladí de su hija, viene a ser como la culminación del prolongado proceso de la educación defectuosa de Mariquita. El nombre mismo de la niña, que más se parece a un sobrenombre, parece sugerir que pudiendo ser María, ha llegado solo a ser un sustituto disminuido de lo que un verdadero nombre representa.

La perversidad que en otros cuentos más heroicos está representada por los monstruos, en este la encarna la vecina y sus tres hijas, las tres muy feas y envidiosas; dos de las que son además de feas, tontas y aturdidas, no así la menor que es astuta y despierta, la preferida de su madre, al parecer, y una aventajada aprendiz de bruja, como se nos informará en la sección central del cuento.

Así el desvío de una conducta sensata que representa para una niña el hecho de que su padre le dé gusto en todos sus caprichos, al punto de caer en desgracia por temor a contradecir los deseos de su hija, trae como consecuencia para ella un giro adverso del destino: la madrastra y sus tres hijas que tanto la halagaron en la esperanza de que ella influyera en la decisión de su padre de contraer matrimonio por segunda vez, en el momento en que el matrimonio se celebra se transforma para ella en la contraparte desgraciada de su felicidad anterior, pues la vecina solo quería casarse con el viudo por su situación económica, y las tres amorosas hermanastras fingían su cariño a Mariquita porque eran tan perversas como su progenitora, y en lo sucesivo la tratarán como a una esclava.

Es interesante observar que el narrador nos explica que el matrimonio de ambos vecinos se llevó a cabo por los ruegos de Mariquita, pero movida tan solo por el deseo de tener tres compañeras de juego, sin pensar siguiera un instante en lo que podría significar en la vida de su padre, un hombre ya maduro, la unión definitiva con una mujer desconocida, lo que podría ser explicable por ser ella una niña, aunque muy mal educada, de modo que la falta de sensatez recae sobre el padre.

Con solo esos hechos basta para formarse una idea del propósito moralizador del cuento, describiendo cómo ciertas personas de desarrollo psíquico defectuoso pueden desviar su conducta del camino sensato, motivadas por una visión superficial de la vida (juegos de la niña), lo que se dice en referencia al padre obviamente, pero como antecedente hereditario que explica los errores que después cometerá su hija consentida, en su relación con otro hombre.

Cabe observar que si aquí la protagonista atrae toda la atención por la forma en que está concebido el cuento, del personaje del padre (que parece ser solo un elemento narrativo de soporte para entender el carácter de su hija) indirectamente se dicen cosas que en su conjunto muestran un diseño caracterológico bien preciso. Se trata de un hombre que tiene un cierto patrimonio, que lo mantiene ocupado gran parte del día. La soledad de la niña parece ser el motivo por el que ella deseaba tener compañeras de juego, por lo que entendemos también que era este un hombre sobre el que pesaba un cierto cargo de conciencia que él compensaba dándole gusto en todo a su hija, sin pensar que con eso la estaba malcriando.

Pero la narración agrega a todo eso un rasgo de carácter de mayor gravedad, lo que ocurre cuando Mariquita le informa de lo que sucede en la casa cuando él está ausente. En vez de enfrentar la situación optando por su Mariquita en contra de la madrastra mala, él acepta que su querida hija humillada se quiera ir de la casa, lo que queda rubricado por la explicación que da el narrador en el sentido de que para él, esa solución era el único modo de que la tranquilidad volviera a su familia...

Este hecho puede interpretarse de dos maneras. Por una parte revela un sentido muy disminuido del recto obrar y un fundamento muy débil del amor paternal, aunque en otro sentido es el resorte que provocará el alejamiento del protagonista de su hogar, en el que, como en todos los cuentos de este tipo, no se dan las condiciones para que este pueda desarrollar su carácter y manifestar las altas cualidades que están latentes en él.

La forma cómo la hija informa a su padre de lo mucho que ha sufrido por los maltratos de la madrastra y de sus hijas, pone de manifiesto que la niña parece que ha dejado de hacerlo pues el modo en que lo expresa revela cierta madurez de juicio.

En esta sección del cuento se hace una breve pero muy significativa mención de la madre difunta. Mariquita no se va a la aventura, además no es hombre como para salir a rodar tierras. Ella quiere irse a vivir a una casita que le había dejado en herencia su madre al morir. Se trata al parecer de una pequeña finca apacible y hermosa en la que Mariquita puede reponerse de sus desgracias. Todo lo que no habría podido ocurrir si Mariquita no fuera ya una joven capaz de llevar bien una casa, tanto más cuanto que muy luego aparecerá en su vida un hombre destinado a ser su esposo.

En la trama simbólica de la narración la mención de la madre es el primer atisbo de un naciente proceso de maduración psicológica en el personaje. Su alejamiento del hogar de su desgracia y su soledad pueden ponerse en paralelo con la soledad en que quedaba siendo una niña cuando su padre se ausentaba para atender sus asuntos. Soledad que ella quiso remediar con compañeras de juego... Pero ahora que ya no es más una niña, y que ha tenido una primera experiencia de las adversidades de la vida, su soledad no es una carencia, es el espacio que ella ha escogido y que pasa a ocupar a modo de un retiro del alma. El hecho de que ese espacio le haya sido reservado por su madre, muestra de qué manera la ausencia de esta era un vacío de su ser, vacío que antes llenaba con la satisfacción inmediata y sin medida de todos sus deseos. Por lo que entendemos que de haber estado presente la madre en ese hogar, ella habría sido el paliativo necesario a la insensata prodigalidad del padre.

Así es como Mariquita tiene acceso también a una parte de su alma que le era desconocida. Eso ya se ve en el momento en que reconoce ante su padre que toda la culpa era de ella, por haberlo inducido a contraer matrimonio con la vecina, lo que, como antes quedó dicho, revela una cierta madurez de juicio, a la par que deja entrever en ella una naturaleza esencialmente benéfica.

El reposo de Mariquita en el jardín de su madre, se entiende como una meditación que hará posible para ella la manifestación de una dimensión trascendente de la vida, lo que le ocurre, en el entendido de que Mariquita es una persona de excepcionales cualidades, puesto que finalmente se casa con el príncipe heredero del reino y accede por eso a la dignidad real, habiendo nacido en un hogar modesto.

Lo que se quiso decir al comienzo de este comentario en el sentido de que por ser una mujer la protagonista de este cuento, lo referido al desarrollo del perfeccionamiento personal tiene aspectos que son exclusivos de la psique femenina, esto se relaciona con el proceso de individuación, por el que la dialéctica psíquica de lo activo y lo receptivo, coordenada paterna y materna, se desarrollan armónicamente generando un individuo, un ser unificado. Por eso Mariquita, a diferencia del príncipe Oscar de El pájaro Malverde, necesita unificarse con la parte activa masculina de su alma. Lo que ocurrirá no sin grandes dificultades. Así es como en ese estado de tranquilidad bienhechora a Mariquita le es revelado un mundo de encanto y misterio.

Entendemos por la explicación del príncipe loro, que el heredero del reino ha sido víctima de un encantamiento operado por una hechicera, lo que revela que el reino mismo en su cabeza padece de un maleficio semejante al que la familia imperial de Rusia padecía bajo la influencia maléfica de Rasputín. El maleficio cuya causa no conocemos, pero que se insinúa como una desgracia merecida, puesto que pudo ocurrir, ha sido la de transformar temporalmente al príncipe heredero en un ave. Pero el narrador deja constancia que en este caso, mediante el amor, el maleficio cesa momentáneamente y el príncipe recupera su apariencia humana para unirse a su amada, y solo durante la noche, pues a la hora del amanecer el maleficio vuelve otra vez, hasta un nuevo encuentro. También el narrador se refiere a un término previsto del maleficio.

La magia tradicional europea, de raíz medioeval, aparece aquí caracterizada con toda su batería de instrumentos y procedimientos, tanto por los objetos que el príncipe pide a Mariquita para operar mágicamente su transformación en hombre, como por los procedimientos que le son revelados a

Mariquita al fin para lograr el restablecimiento de la salud quebrantada del príncipe en riesgo de muerte. Esos objetos son: una palangana con agua, un paño de manos, una peineta y un espejo.

Pero antes de comentar el significado de esos objetos en relación al proceso de fondo de la narración, cabe hacer notar que si el maleficio es temporal, pues al decir del príncipe, tiene un día de término, eso sugiere que la falta que el príncipe está pagando por el encantamiento de que ha sido víctima, no es tan grave. También cabe considerar que si es en virtud del amor que él puede recuperar su naturaleza humana, es por algo relacionado con el amor también que él fue castigado con el maleficio. Pero ahora el príncipe ha sido conducido al lugar en que se halla su futura princesa, por eso cuando se une a ella cada noche vuelve a ser hombre, aunque solo por la noche.

Como en todo cuento tradicional, en este, el narrador es discreto al referirse a los encuentros nocturnos de Mariquita con el príncipe. Pero como más atrás se anticipó en una referencia a este episodio, el resultado de esos encuentros es que Mariquita recibe de su amado gruesas sumas de dinero lo que le permite vestirse y alhajarse como una mujer de la aristocracia. Se recordará que antes se dijo que la excesiva prodigalidad del padre dejaría una marca en la psique de su hija, lo que habría de manifestarse analógicamente en otras etapas de su vida. Esta misma es la que el príncipe demuestra ahora en su trato con ella, quien condicionada desde la infancia en ese sentido acepta ser tratada de ese modo, llegando al extremo de caer en el exhibicionismo.

El cuadro es ambiguo, porque presenta aspectos positivos y negativos del carácter de Mariquita. Así, en un sentido esos encuentros amorosos pagados transforman a esta virtuosa joven en algo semejante a una profesional del amor, con el tren de vida de una cortesana. A lo que se suma la ostentación, modo de proceder que a Mariquita la sindica como una mujer vanidosa y frívola, lo que había de traerle graves consecuencias. El lado positivo que estos hechos podrían tener se relaciona con el proceso que terminará transformando a Mariquita en una princesa. Así el hecho de que ella pueda vestirse ahora como tal, gracias a los aportes de su futuro esposo, tiene por objeto anticipar, en apariencia, la cima a que llegará en la evolución de su persona. Aunque esas primeras anticipaciones del futuro se dan en un contexto psicológico mezclado con mucha oscuridad interior. En ese sentido constituyen pruebas que ella debe sortear y de las que no sale airosa. Si las tres pruebas clásicas del héroe se relacionan con la tríada: placer, poder, vanidad resulta claro ahora que Mariquita no ha pasado bien la primera prueba ni la tercera. La segunda, relacionada con el poder no procede en el caso de esta heroína, por su condición social modesta, pues este tipo de prueba está reservado para el héroe aristocrático destinado a ejercer el poder real.

Es evidente que Mariquita está haciendo un mal uso del desarrollo inicial de sus cualidades superiores. Ella será una princesa, y luego una reina, pero su pasado pesa mucho aún en su presente. Ella ha sufrido humillaciones de su madrastra y sus tres hijas, lo que la ha obligado a alejarse de su amado padre. Y al ser cortejada por un príncipe, aunque no sea más que en esas extrañas circunstancias, se le ha ofrecido la posibilidad de diferenciarse del medio social al que ha pertenecido y eso la ha envanecido. Su exhibicionismo va dirigido a todos los habitantes de su entorno, pero muy especialmente a la madrastra y sus tres feas hijas. Mariquita quiere que ellas sean informadas de su triunfo con el que se está vengando de lo que le han hecho. Cabe admitir aún que su exhibicionismo va dirigido también contra el padre que consintió en el alejamiento de su hija querida y no hizo justicia como un hombre de carácter en la coyuntura más desgraciada de su vida.

Las visitas nocturnas del príncipe, y el hecho de que el amor que lo transforma en un ser humano no sea suficiente para impedir que al amanecer el maleficio siga operando en él, a lo que se suman las gruesas sumas de dinero que este le deja a Mariquita al despedirse, y la actitud vanidosa de ella, todo eso refleja que la primera experiencia del amor de esta joven es solo pasional y lejana al buen amor, según lo entiende la doctrina del amor caballeresco.

En ese sentido, el hecho de que el príncipe no recupere definitivamente su naturaleza humana después de esos encuentros, y quede sujeto a la fatalidad de un encantamiento condicionado a una fecha de término prevista por la hechicera que le echó el mal, como se dice en la jerga popular, revela justamente que el hechizo que padece tiene relación con sus faltas al buen amor, pues ambos amantes consienten en dar rienda suelta a su pasión, sin que el príncipe ni Mariquita hayan pasado antes por las pruebas de perfeccionamiento espiritual que los harían aptos para merecerse el uno al otro en una dimensión superior del amor.

Con relación a esto, hay un pequeño detalle en la narración que parece referirse a lo antes dicho acerca de la baja calidad del amor que ambos amantes están viviendo. Ese detalle aparece cuando la madrastra es informada por su hija menor de lo que realmente ocurre todas las noches en casa de Mariquita, lo que vio por el ojo de la cerradura. La madrastra al ser informada por su hija, se refiere a Mariquita con el apelativo de cochina.

Ahora bien, si todo esto no queda claro en la narración porque solo está sugerido, el auditor o lector del cuento puede deducirlo por la gravedad del castigo que cae enseguida sobre ambos amantes.

Pero antes de tratar ese punto del cuento, cabe referirse a los objetos mágicos o simbólicos que el príncipe loro pidió a Mariquita que dejara junto a la ventana para operar su transformación en un hombre. La palangana con agua, recuerda el mismo objeto que se necesitaba para que el pájaro Malverde pudiera entregar la pluma pequeña y suave capaz de devolverle la vista al rey. En el caso de ese cuento la palangana era de oro, pero en el cuento que estamos analizando no se especifica nada al respecto. En ambos casos sin embargo, se trata de un baño de purificación. El espejo es símbolo de la conciencia y la peineta, no parece trascender aquí su carácter meramente utilitario. Así el conjunto representa un acto de purificación y enfrentamiento con la conciencia que el príncipe realiza para confirmar en él su naturaleza humana por sobre el maleficio que lo reduce a la categoría de un loro. El hecho de que ese acto se muestre insuficiente para vencer a la mala magia que lo mantiene cautivo, daría a la peineta un significado semejante a los vestidos de seda y las joyas de Mariquita. Vale decir, que el príncipe es un hombre apuesto y atractivo para las mujeres y en su pasado ha utilizado vanidosamente su belleza masculina para seducir a muchas. Por eso el espejo que es símbolo de la conciencia, en este caso solo le devuelve la imagen del seductor que él se ha propuesto ser, conducta que deviene más grave en él, por ser el futuro rey y responsable del gobierno de la sociedad

El castigo operado por las brujas de poner tres navajas con el filo hacia arriba, en el lugar en que se posa el loro todas las noches para transformarse en príncipe, en el cuento, aparece como un acto de pura y gratuita maldad de parte de la hechicera y su hija asesoradas por la madrina, (de quien ellas son discípulas en el arte satánico). Con todo cabe observar que en la narrativa popular nunca la desgracia del o los protagonistas es gratuita, siempre es merecida. Y sobre eso ya se ha dado en este comentario suficiente información. El loro posa sus patas en las navajas y se hiere gravemente, atribuyendo su desgracia a una traición de Mariquita, la que en apariencia es inocente de la falta que se le imputa. Se dice, en apariencia, porque tanto ella como él han acumulado suficientes actos reprobables según la sabiduría tradicional de estas narraciones, como para que el destino ponga en su camino graves adversidades.

Por lo que se nos informa posteriormente, el príncipe cumplió su condena, vale decir, fue liberado de su maleficio en la fecha prevista, pero quedó herido de muerte en sus extremidades inferiores, simbólicamente, en su alma pues su insensata conducta, aunque nada se diga de ella, continuó, y eso se entiende porque quedó sujeto a otro maleficio que lo tiene postrado, sin que ningún médico atine con el remedio a su mal. En lo que se refiere a ella, es el propio príncipe quien sella su destino inmediato al decirle que debe peregrinar mucho tiempo con zapatos de hierro, y tanto, que solo cuando los zapatos se gasten de tanto andar, podrá estar en condiciones de encontrarlo y eso a condición de que se arrepienta del mal que ha hecho.

El narrador dice que el príncipe se fue sin dejar tiempo a Mariquita de decir ni una palabra. Así en esta narración como en todas las de su género, el protagonista sufre una adversidad o castigo que en apariencia no merece, en el subentendido, si, que ese castigo o esa adversidad son giros del destino provocados por faltas a las que el narrador no hace una referencia explícita, pero si las sugiere.

El narrador dice que Mariquita lloró amargamente al oír esa especie de sentencia dictada por su propio amado, aunque pronto comprendió que mejor que llorar era salir de inmediato a buscar a su esposo. Esta palabra, incluida en el texto tiene por objeto asegurar que los encuentros nocturnos tenían el carácter de uniones maritales, por una parte, y por otra anunciar la futura boda de Mariquita con el príncipe como desenlace venturoso de toda la narración, lo que podrá ocurrir solo cuando ambos estén capacitados para amarse de verdad.

El pasaje del cuento en que se describe a Mariquita como peregrina nos introduce en la dimensión de lo que en este libro se entiende como acontecer trascendente. Así el lector o auditor del cuento puede percatarse de inmediato que los objetos de que Mariquita se provee son los que le ayudarán a romper el segundo maleficio que cayó sobre el príncipe antes de que el anterior llegara a su día de término, como si de antemano le hubiese sido revelado lo que iba a ocurrir.

En este sentido, sorprende la entereza con que ella enfrenta la nueva etapa que se ve obligada a vivir. No tiene casa ni protección alguna, y sale a rodar tierras corriendo así la suerte del rodante, hombre que carece de hogar y oficio conocido.

Los famosos zapatos, de hierro, son una imagen extrema del difícil peregrinaje que Mariquita debe emprender, símbolo de su camino interior al encuentro del espíritu. Viaje iniciático que realiza no solo en su beneficio, sino también en el de su amado, quien se encuentra pagando con un nuevo maleficio las faltas que ha cometido en contra del buen amor. En lo que se insinúa ya que el proceso de individuación de Mariquita está en marcha, pues el amado es para la amada un símbolo del complemento masculino de su propia psique.

El narrador se refiere al peregrinaje de Mariquita en términos muy severos, pues ella con solo un atado al hombro anduvo mucho tiempo por llanos y cerros, sin descanso ni reposo, sufriendo mil quebrantos y miserias. Con ese lenguaje y de un modo sucinto, se describe metafóricamente el estado en que queda el héroe ante el hecho consumado del bien perdido, y los esfuerzos que debe realizar guiado por la fe, la humildad y la perseverancia para recuperarlo.

Es una itinerancia aparentemente errática, pero que en su etapa final debe llegar a un punto bien preciso. El lugar, según el narrador, se encontraba al pie de un monte y junto a una laguna. Ahí Mariquita agotada, se tendió a descansar. Fue ahí que constató que la sentencia condenatoria pronunciada por su propio amado había ya cumplido la condición exigida de gastar los zapatos de hierro. Ese fue el punto final de su itinerancia, pues ahí mismo, mientras descansaba se hallaban las brujas que lanzaron sobre su príncipe el segundo maleficio que lo dejó postrado en un lecho agonizando, a quienes Mariquita deberá dar muerte.

Es muy propio de la tradición de magia popular que el hechicero pueda transformarse en un animal o cambiar de apariencia a voluntad mediante un manejo eficaz de las fuerzas malignas que les son dadas por el demonio. En este caso las brujas se han transformado en patas que nadan en la laguna. El hecho de que sean precisamente esas aves en las que se han transformado, creo que apunta al hecho de que pudiendo volar se mantienen en el nivel inferior, por lo que simbolizan la falta de elevación. Además están cubiertas de plumas, y el remedio que necesita el príncipe herido para ser curado debe serle administrado con plumas.

Y es que Mariquita, sin ser vista por las brujas convertidas en patas, les ha escuchado comentar cómo se puede salvar la vida del principe agónico: untando sus mortales heridas con sangre de las propias aves hechiceras, aplicándolas con plumas arrancadas del ala derecha de cada una de ellas. De modo que los objetos que la muchacha ha echado en un morral antes de partir —unas tijeras y una botella— cobran ahora sentido, pues serán indispensables para cumplir con esta misión.

En la etapa final del cuento, y como en toda narración de este género en que la protagonista es de género femenino, la heroína para acceder al lugar en que se halla su amado enfermo o impedido debe vestirse de hombre y fingir que practica un oficio cuyo auxilio es necesario para salvar al príncipe. En este cuento Mariquita finge ser médico, lo que le vale el privilegio de entrar en el palacio del rey y socorrer a su amado en desgracia.

Si se compara el procedimiento curativo empleado por Mariquita con el empleado por el príncipe Oscar en El pájaro Malverde, entendemos que hay en ambos algo de común. Se trata de plumas de aves que por sí mismas o untadas en algo, pueden curar una dolencia grave y hasta salvar la vida. En El pájaro Malverde el ave escogida, por ser una criatura aérea como la paloma del Espíritu Santo, o los ángeles alados de la imaginería religiosa antigua, representa el espíritu. Por eso la ceguera del rey, que es una metáfora de la pérdida de la sabiduría y un alejamiento del espíritu, puede ser sanada con una pluma de esta ave fabulosa. En el caso de las brujas, convertidas en patas, esto es, en aves que si bien son acuáticas son también capaces de volar, parece ser una manera de calificar el arte de la hechicería como un uso torcido de la misma fuerza espiritual representada en el pájaro que cura el mal de ver.

El hecho de que una de las brujas comente en la conversación que para obtener sangre de ellas tendrían que matarlas, alude a lo que significa el hecho de que Mariquita por fin tenga a su alcance el medio para dar muerte a la maldad personificada en el arquetipo de la bruja. Así también en este tipo de narración, matar al brujo, significa de algún modo matar en uno mismo toda maligna inclinación. Por eso la pluma extraída deviene finalmente un instrumento benéfico, y aún la sangre de esas aves sacrificadas.

El número 3, como cifra arquetípica, aparece aquí en el episodio de la curación, como en el mismo episodio de El pájaro Malverde. En la primera aplicación de la sangre con una pluma hecha por Mariquita, las heridas dejan de supurar y se cubren de costras. En la segunda aplicación las costras caen y el príncipe recupera el conocimiento. En la tercera, aplica la pluma ensangrentada en todo el cuerpo del príncipe, quien se recupera del todo.

El hecho de que la tercera aplicación sea no ya solo en las heridas, sino en todo el cuerpo del príncipe, tiene relación con lo ya dicho antes sobre el amor puramente pasional que los amantes vivieron en tiempos del primer hechizo que transformó al príncipe en loro. Mariquita al parecer bendice ahora ese cuerpo que antes fue utilizado solo para seducir.

Con relación a esto, el narrador incluye al final dos detalles dignos de mención: Uno es el hecho de que cuando se quedó sola con el príncipe enfermo, Mariquita lloró al verlo desfalleciente y el segundo es el que se diga que las heridas tenían gusanos y despedían un olor muy nauseabundo. Para entender el por qué de la truculencia de esta descripción debemos recordar lo dicho sobre el por qué de los maleficios de que ha sido víctima el príncipe, lo que se entiende por el contexto mismo de todo lo que ocurre en la sección central de la narración. Esto es que el príncipe está pagando sus faltas para con el buen amor caballeresco, para lo que no bastó con el primer maleficio sino que su reincidencia como seductor lo ha hecho merecedor de un segundo maleficio. Si a eso se agrega el hecho de que las heridas que pueden causarle la muerte están en sus extremidades inferiores, nos hallamos frente a una falla psíquica grave y difícil de extirpar. Mariquita parece entender el fondo de lo que está sucediendo, por eso llora aun sabiendo que dispone de los medios para curarlo.

Conforme al itinerario interior del proceso de individuación, está claro ahora por qué las heroínas como Mariquita, antes de recuperar su amor perdido tienen que ocultar su género disfrazándose de hombre. Lo que significa que en ese proceso lograron integrar a su ser su complemento masculino, llamado animus por Karl Gustav Jung.

De ambos miembros de la pareja, es ella la que madura primero, y quien ayuda a su hombre, aún cautivo de la falsa identidad de un seductor.

X

EL CASTILLO DE LA FLOR DE LIS

EL CASTILLO DE LA FLOR DE LIS

(Referido por José Antonio Carrillo, 60 años, de Carahue)

Estos eran dos viejecitos que vivían en el campo de lo que les proporcionaba una hectárea[7] de terreno de su propiedad, que cultivaban con esmero.

Tenían un nietecito que se llamaba Manuel, huérfano de padre y madre, y en el cual habían reconcentrado todo su cariño, pues no tenían más familia que él, y lo habían criado sumamente regalón.

Una mañana la abuela entregó a Manuel un atado de cebollas y le dijo:

—Anda al pueblo y las vendes, y con la plata que por ellas te den, compras tales y cuales cosas.

Salió Manuel con las cebollas; y habría andado unas veinte cuadras, cuando se encontró con unos muchachos que azotaban cruelmente a un perrito. Manuel tenía buen corazón y dijo a los niños:

—¿Por qué maltratan a ese pobre animalito?

—¿Y a ti qué te importa? —Le contestaron— para eso es de nosotros.

—Dénmelo a mí, y yo en cambio les daré estas cebollas.

---

[7]   En el norte y centro de Chile las propiedades rurales se miden por cuadras; en la Frontera, o sea desde el Bíobío al sur, por hectáreas.

Los muchachos aceptaron la proposición, y Manuel se volvió a su casa con el perrito y contó a la abuela lo que había hecho.

La anciana se enojó un poco, se fue a la huerta, trajo un gran manojo de verduras, y dijo a Manuel:

—Anda al pueblo *y* véndelas, y cuidado con que vayas a hacer otra lesera. ¿Para qué queremos más perros de los que ya tenemos?

—¿Quién sabe, mamita, si este perrito nos puede servir para algo? ¡Y si usted hubiera visto lo fuerte que le pegaban aquellos chiquillos, le habría dado lástima!

Salió Manuel con su atado de verduras, y habría andado las mismas veinte cuadras, cuando encontró a los mismos chiquillos, que ahora llevaban un gato amarrado, y con unas varillas le pegaban con todas sus fuerzas.

—¿Por qué le pegan a ese pobre animal? ¿Qué les ha hecho? Dénmelo, y yo les daré este atado de verduras que ustedes pueden vender.

Hicieron el cambio, y Manuel llegó a su casa con el gato en brazos. La abuela, enojada, le dijo:

—Niño, por Dios, ¿qué estás haciendo? No tenemos qué comer y nos vas a llenar la casa de animales.

—Pero, mamita, ¿cómo iba a consentir que esos malvados mataran a este gatito tan lindo?

Se armó la viejecita de paciencia, de nuevo se fue a la huerta y volvió con un canastito de papas.

—Mira, Manuel, no vuelvas a hacer las barbaridades que has hecho. Si no vendes las papas y no traes lo que ya te he dicho, se lo digo a tu abuelito y te castigará.

Salió Manuel con su canastito de papas y cuando había andado como unas veinte cuadras, encontró a los mismos muchachos que iban arrastrando un culebrón y pegándole con unos palos.

—¿Por qué le pegan a ese culebrón?, ¿qué mal les ha hecho? Tomen estas papas y yo me lo llevaré.

Muy contento se volvía Manuel a su casa arreando su culebroncito, pero, al pasar al lado de un peñasco, se le escapó y se le perdió debajo de la piedra.

—¿Qué haré? —Se preguntaba el niño— ¿cómo voy a llegar a la casa sin papas, sin plata y sin nada? Mi taitita me va a pegar.

Se le ocurrió mover el peñasco, que era muy pesado, y tuvo que hacer grandes esfuerzos para hacerlo cambiar de lugar. Despejado el sitio quedó en descubierto la entrada de un pozo, y Manuel se propuso descender hasta dar con el culebrón. Fue al bosque vecino, trajo un rollo de boqui, plantó una estaca a la orilla del pozo, ató a ella un extremo del boqui y por él se deslizó hasta el fondo. Al principio no veía nada, porque estaba muy obscuro, pero cuando la vista se acostumbró, vio un corredor y siguió por él hasta llegar a una puerta, en que lo detuvo una hermosa princesa, que le preguntó:

—¿Qué andas haciendo por aquí?, ¿eres de esta vida o de la otra?

—De esta vida.

—Vete, entonces, porque a mí me cuida un culebrón, que es mi padre, y si llega a verte, te matará.

—¡Ah! ese culebrón es mío; se lo cambié a unos chiquillos por un canasto de papas, y lo libré de la muerte. Precisamente ando buscándolo, porque cuando lo llevaba a casa de mis abuelitos, se me escapó y se metió en este pozo. Tengo que llevarlo a mi casa, para que no me castigue mi taitita. ¿En dónde está?

—Aquí en esta pieza, encerrado bajo siete llaves.

—Dame las llaves para sacarlo.

—No, Manuel; déjalo tranquilo, que se mejore; llegó muy maltratado. ¡Pobre padre mío! Déjamelo, y en cambio te daré este coquito de virtud, que te proporcionará todo lo que le pidas.

Guardó Manuel el coquito y despidiéndose de la princesa, subió por el boqui a la superficie de la tierra.

Cuando estuvo arriba pensó:

—¡Quién sabe si esta joven me ha engañado! Vamos a ver.

Y sacando el coquito, le dijo:

—Coquito de virtud, por la virtud que Dios te ha dado, dame de comer aquí lo que el rey, con ser rey, nunca haya comido.

E inmediatamente apareció delante de él una mesa cubierta de exquisitos platos y de los vinos más ricos.

Apenas probó una que otra cosa, y corriendo se fue a casa de sus abuelos. Los encontró acurrucados en un montón de paja, desfallecidos de hambre y de frío. Sacó el coquito y le dijo:

—Coquito de virtud, por la virtud que Dios te ha dado, danos una comida que el rey, con ser rey, nunca la haya comido.

Y en el instante se le puso al frente una mesa servida de un todo. Comieron los tres con mucho apetito, y después se acostaron. Poco antes de que aclarara, Manuel se levantó sin hacer ruido, se fue a la huerta y, sacando el coquito, le mandó que agrandara la propiedad y apareciera plantada de toda clase de árboles frutales y sembrada de toda clase de semillas, y que hubiera a un extremo un gran corral con bueyes, vacas, ovejas y caballos, un chiquero con sus chanchos, y un gallinero con gallinas, pavos, patos y gansos. Y así como iba pidiendo estas cosas, ellas iban apareciendo. También le pidió una linda casita para su perro y otra para su gato.

Apenas aclaró, despertaron los viejecitos con la bulla que metían los animales y las aves.

—Viejo —dijo la anciana— lo que falta es que se hayan pasado los animales de la vecindad, y nos hayan comido nuestras siembrecitas. Vistámonos al tiro y veamos qué ha sucedido.

Se vistieron y fueron a ver de qué provenía esa bulla, y casi se murieron de susto cuando vieron su huerta tan grande y tan bien plantada, y los corrales, el chiquero y el gallinero tan bien poblados. Los pobres viejos no podían explicarse lo que veían. Entonces Manuel, que se había colocado tras ellos sin que lo sintiesen, les dijo:

—Todo esto es de ustedes, abuelitos; ya no tendrán que pasar necesidades.

Manuel, que hasta entonces había sido un niño, se convirtió de repente en hombre, sin que a nadie le llamase tal cosa la atención. Vestía con lujo y elegancia, era caritativo con los pobres y generoso con sus amigos, y tenía fama de ser muy rico. Salía unas veces a cazar, acompañado de su perrito y de su gato, y otras iba a la ciudad, en donde todos lo agasajaban y querían.

Sucedió que una vez el rey anunció que iba a dar un baile, y que en él escogería al que debía casarse con su hija. Invitó a los reyes, príncipes y grandes de las cortes vecinas, y como la princesa era muy hermosa, inteligente y única heredera del trono, acudió un gran número de pretendientes. Manuel se dijo:

—Yo también voy a presentarme.

Y en la víspera del baile le dijo a su coquito:

—Coquito de virtud, haz que frente al palacio del rey se me aparezca un palacio mejor que el de él y más ricamente amueblado, con cien servidores vestidos de generales.

Y en el mismo momento apareció el palacio, el Castillo de la Flor de Lis, que por la hermosura y riqueza de su construcción no tenía igual en el mundo. Manuel durmió en el castillo desde aquella noche.

Al otro día él nuevo palacio fue la admiración de todos, y no se hablaba de otra cosa en el baile, cuando Manuel se presentó vestido con más elegancia que los más ricos y poderosos señores allí presentes, y seguido de sus cien servidores cargados de valiosísimos obsequios para el rey y para su hija. El rey se decía para sus adentros:

—Este será mi yerno.

Y en efecto, en la misma noche se concertó el enlace, y ocho días después Manuel se casaba con la princesa.

Pero este casamiento se había hecho sin consultar la voluntad de la interesada, la cual tenía amores con un negro, empleado en el palacio del rey, y con el que siguió viéndose todos los días, mientras Manuel salía a cazar en compañía de su perro y de su gato.

El negro aconsejó a la princesa que sonsacara a su marido de qué medios se había valido para hacerse rico y para tener el Castillo de la Flor de Lis. Y la princesa, como era astuta, para conseguirlo fingió mucho cariño a Manuel, y sólo después de algún tiempo, cuando ya lo tuvo bien asegurado, se atrevió un día a preguntárselo. Manuel, que nada sospechaba y quería a su mujer con idolatría, le contó su historia; y entonces ella le dijo:

—Mira, Manuel, ¿por qué, antes de salir, no me dejas el coquito? Qué cosas tan lindas le pediría para mí. Los hombres no entienden de eso.

Manuel se lo entregó, encargándole que lo cuidara mucho, y salió a cazar, acompañado de su perro y de su gato.

Sólo cuando regresó, en la tarde, vino a conocer la traición de su mujer.

El rey lo esperaba sumamente airado.

—¿Y mi hija? ¿Y el Castillo de la Flor de Lis?

Manuel no hallaba qué contestar. Y ¿qué podría decirle al rey? ¿Quién iba a adivinar en dónde estaría el Castillo? Se limitó a contar a su suegro la conversación que en la mañana había tenido con la princesa, y que le había entregado el coquito. Si el Castillo había desaparecido, era por culpa de la princesa solamente.

—¡Ah! —Decía el rey, paseándose agitadamente—, esto me pasa por haber casado a mi hija con un hechicero.

Y, volviéndose a la guardia, ordenó:

—¡Métanlo en un calabozo!

Y dirigiéndose a Manuel:

—Tres días tienes de plazo para hacer aparecer el Castillo de la Flor de Lis y a mi hija, y, si no lo consigues, perderás la cabeza sin que te valgan tus brujerías ni todos los coquitos del mundo.

Ya tenemos a nuestro Manuel preso, entregado a sus pensamientos, comprendiendo la magnitud de su desgracia y sin saber qué resolución tomar.

Cuando ya nadie quedaba, el perrito le dijo al gato:

—Hermanito, nosotros tenemos que librar a nuestro amo, así como él nos libró a nosotros.

Entonces el gato se subió por las murallas de la cárcel y entrando por una ventanilla, de un salto se puso al lado de Manuel.

—Mi amito, ¿qué hay que hacer para librarlo de la prisión?

—Hay que buscar el Castillo de la Flor de Lis, y quitarle el coquito a la princesa.

—¿Y en dónde está el Castillo?

—Eso es lo que ustedes tienen que averiguar, y ha de ser cuanto antes, porque no me quedan más que tres días de vida.

Salió el gato y contó al perro lo que había conversado con Manuel.

—Vamos a rodar tierras, compañero, a ver si encontramos ese Castillo condenado.

Y salieron a rodar tierras.

Anduvieron todo el día, se puso el sol y andar y andar, hasta que llegaron a un cuartel en que todos los soldados eran ratones. El gato no pudo contenerse y se les fue a la carga y mató varios; pero los ratones eran tantos, que los hicieron arrancar. El perro, muy incomodado con el gato, le dijo:

—No vuelvas a portarte así, porque a lo mejor nos sucede quién sabe qué desgracia y no encontraremos a tiempo el Castillo de la Flor de Lis.

El gato le prometió corregirse.

Siguieron andando, andando y cuando ya se iba oscureciendo, llegaron a un cuartel en que todos los soldados eran gatos. El perro le preguntó al Comandante:

—Señor, ¿sabe usted en dónde está el Castillo de la Flor de Lis?

El Comandante hizo formarse a la tropa, y ninguno sabía.

En esto estaba el perro, cuándo ve que su amigo el gato va arrancando patitas pa'qué te quiero, y detrás de él un gatazo romano armado de un garrote de espino. Salió de atrás el perrito a defender a su compañero, y cuando el gato romano vio que era con dos con quienes tenía que habérselas, amainó y se retiró más que ligero.

—Gato del diablo —le dijo el perro—, ¿no me prometiste que no ibas a hacer otra maldad? ¿Cómo quieres que libremos a nuestro amo?

El gato le contó que había ido a darle un beso o una gata muy buena moza que había divisado, creyendo que era soltera, y cuando la iba a abrazar, salió aquel gato romano, que era su marido, y si no arranco tan luego, ¡me mata, me mata, me mata! ¡Ay, hermanito! estoy miau, miau, miau del susto.

Le prometió portarse muy bien en adelante.

Siguieron su camino y llegaron a una ciudad donde había un cuartel, y el Comandante estaba pasando lista. Los soldados eran todos monos.

—Señor —le preguntó el perro—, ¿podría decirnos Su Señoría en dónde está el Castillo de la Flor de Lis?

El Comandante lo preguntó a sus soldados, y ninguno sabía.

—El mono Martín ha faltado a la lista —dijo el Comandante—; éste es muy andariego y puede ser que sepa en dónde está ese Castillo. ¿Por qué no lo esperan?

—Esperaremos —dijeron el perro y el gato.

Poco después llegó el mono Martín, y el Comandante le preguntó:

—¿Sabes, monito, en dónde está el Castillo de la Flor de Lis?

—De allá vengo —dijo el mono Martín—, y para más señas, vi en un balcón a la princesa y al negro haciéndose cariños.

—¿Puedes conducirnos allá, monito lindo? —preguntó el perro.

—Claro que sí —contestó Martín—, si mi Comandante me da permiso.

El Comandante, que vio que el perro y el gato eran personas educadas, dio permiso al mono Martín para que los guiara. El camino era muy largo y tuvieron que atravesar un río.

Mientras tanto, dos días habían transcurrido desde que Manuel había caído preso y sólo uno le quedaba de vida cuando llegaron al Castillo. La noche estaba muy avanzada. El perro le preguntó al mono:

—¿Sabes, monito lindo, dónde guarda aquel coquito la princesa cuando duerme?

—En la boca lo guarda.

Subió el gato por las murallas, y una vez en el interior del edificio, entreabrió con todo cuidado la puerta, sin hacer el menor ruido, *y* calladitos entraron el perro y el mono, y los tres se fueron al dormitorio de la princesa, cuyas puertas estaban entornadas solamente. El mono se colocó al lado del negro, para estrangularlo si despertaba; el perro se quedó esperando para coger el coco y huir con él; y el gato, subiéndose a la cama, metió la punta de la cola en la nariz de la princesa. De la cosquilla que le hizo, dio un estornudo tan fuerte la princesa que el coquito saltó lejos, y al momento lo tomó el perro en el hocico, y huyó precipitadamente en compañía del mono y del gato[8].

---

[8] "Se ha recogido en muchos pueblos de raza ariana, principalmente entre los hindúes del Pendjab, entre los bretones, los albaneses, los griegos modernos, los rusos (y también entre los habitantes de Mardín, en Mesopotamia, población de lengua árabe, y kirienos de la Birmania, que ni unos ni otros son de raza ariana, pero suponemos que lo sean), un cuento cuyo tema, expuesto brevemente, es como sigue: "Un joven llega a ser dueño de un anillo mágico; este anillo, después de diversas aventuras, le es robado por cierto malvado personaje, y lo recobra en seguida, gracias a los buenos oficios de tres animales a los cuales él les ha prestado servicios".

Cuando iban atravesando el río, le dio al perro un calambre, y del dolor abrió el hocico para ladrar y se le fue el coquito. Toda la noche lo anduvieron buscando por el río, pero inútilmente.

Al amanecer llegaron a la orilla, y vieron a un pescador que retiraba su pesca de la red. Le compraron un pescado para almorzar, y cuando lo abrieron, encontraron adentro el coquito. El perro y el gato, del gusto, no quisieron comer, dieron las gracias al mono Martín, se despidieron de él y se alejaron.

Cuando estuvieron un poco distantes, dijo el perro:

—Coquito de virtud, por la virtud que Dios te ha dado, llévanos a donde nuestro amo.

Y en el mismo instante se encontraron en el calabozo, al lado de Manuel.

El preso se llenó de alegría cuando vio a sus animalitos y supo que le traían el coco, y estuvo un buen rato oyéndoles contar sus aventuras.

Antes de que atardeciera, Manuel pidió al coquito que le trajera al rey, y el rey entró poco después al calabozo.

—Yo quiero que Su Majestad se convenza por sus propios ojos que es su hija la que tiene la culpa de todo lo que ha sucedido.

Y entonces, en voz muy baja, casi con el pensamiento, para que el rey no lo oyera, dijo:

—Coquito, haz que el rey vea a su hija haciéndole cariños al negro.

Y el rey tuvo que rendirse a la evidencia.

—Coquito —volvió a decir Manuel—, trae para acá a la princesa y a su negro, y haz que desaparezca el Castillo.

Y al punto fueron trasladados al lado del rey la princesa y el negro, todavía besándose y abrazándose que se volvían locos.

—Ahí tiene a la indigna de su hija; quédese con ella, que yo no la quiero para nada... Coquito de virtud, trasládanos a mí, a mi perrito y a mi gatito adonde están el culebrón que yo libré de la muerte y su hija la princesa.

Y Manuel que concluye de hablar y que se encuentra con sus animalitos en la cueva, al lado de la otra princesa.

— ¡Ah!, picaronazo —le dijo ella—. Tuviste que padecer en los brazos de la otra ingrata, que te odiaba, para acordarte de mí, que te quiero de veras… Devuélveme el coquito.

Manuel, avergonzado, le entregó el coquito, y la princesa dijo: —Coquito de virtud, por la virtud que Dios te ha dado, haz que termine el encanto que hay en esta cueva.

Y entonces la cueva se convirtió en un palacio, aun más hermoso que el Castillo de la Flor de Lis; los bosques de los alrededores en un país muy extenso y poblado; y el culebrón, en el rey que lo gobernaba. Y Manuel se casó con la princesa, y hubo grandes fiestas y se mataron vaquillas y corderos para el pueblo. Y los novios vivieron muy felices, hasta que murieron de puro viejos.

INTERPRETACIÓN

Como en otros cuentos similares, en este, desde el comienzo, se destaca el hecho de que Manuel, el protagonista, es huérfano de padre y madre, con lo que se nos quiere decir que en su formación hay una carencia grave, que sus ancianos abuelos no podrán llenar sino en mínima medida. También se resalta la idea de que los abuelos, por no tener más familia que este nieto, lo han criado muy regalón, con lo que se quiere decir que, como la Mariquita del cuento *El príncipe loro*, tiene una tendencia a hacer lo que se le da la gana.

Para que eso se entienda como una consecuencia del hecho de ser un niño mimado, la acción del relato comienza con tres tareas que la abuela le encarga, las que consisten en ir al pueblo a vender productos de la hectárea de terreno cultivado, que es la propiedad familiar. En la primera tarea se trata de cebollas; en la segunda, de verduras; y en la tercera de papas. En los tres casos Manuel no cumplió lo que la abuela le ordenó hacer, alegando pretextos que, si bien no justifican que él no haya vendido esos productos, dejan a la abuela sin el dinero necesario para comprar otras cosas, pero sí podría justificarse moralmente este hecho, porque revela que el niño tenía *buen corazón*. En la primera tarea sorprendió a unos niños maltratando a un perrito y a cambio de las cebollas, liberó al animal y se lo llevó a su casa. En la segunda, el animal maltratado era un gatito, el que también liberó a cambio de entregar las verduras, pero Manuel no escuchó los ruegos de la abuela de no seguir trayendo animales a la casa en la que había ya suficientes perros y gatos, a lo que él respondió que esos animalitos quizás les servirían después para algo...

En la tercera tarea, el animal maltratado era un *culebrón*, animal perteneciente al bestiario folklórico de Chile. No es propiamente una serpiente delgada y larga, sino al revés, un reptil corto y grueso, a veces con una cabeza parecida a la de los humanos.

Este culebrón también era maltratado por unos niños y Manuel lo liberó a cambio de las papas que la abuela le ordenó vender. Pero esta vez la historia dio un giro misterioso. El culebrón se escabulló entre unas peñas y desapareció, lo que impulsó a Manuel a seguirle la pista. Para eso tuvo que desplazar con gran esfuerzo un peñasco grande bajo el que había un pozo... Así la pequeña cadena de actos aparentemente caprichosos e insensatos de Manuel lo conducen finalmente a la puerta de un mundo oculto donde se le revelarán cosas que le conciernen en lo más profundo de su ser.

El hecho de que Manuel haya dicho a su abuela que el perro y el gato podían servirles para algo, lo que efectivamente ocurrirá en otro episodio del cuento, revela que él ya tiene una intuición del destino que le espera, y para acceder a ese destino, se entiende que el hecho de tener *buen corazón* es más determinante que ser solo un niño obediente. En ese sentido cabe hacer notar que en los cuentos maravillosos, como en las narraciones bíblicas, el mal que una persona *señalada* hace, por tener un significado superior al simple hecho, es solo un bien disfrazado.

La abuela nada entiende de los modos de proceder de su nieto, entre otras razones porque tiene una dependencia afectiva con él y nada le hace sospechar que su niño mimado tiene un destino superior.

El hecho de que él trate estos asuntos solo con la abuela podría tener un significado especial, lo que se puede entender comparando a la pareja padre-madre, con la de abuelo-abuela. Los ancianos están ya detenidos en su desarrollo. Han hecho su vida, y regalonean al nieto, pero permiten un espacio de vida limitado solo a lo que ellos han llegado a ser, con lo que el ambiente en que crece Manuel es lo menos apropiado imaginable para el desarrollo de sus aptitudes. En ese contexto la gravitante presencia de esta mujer anciana, como en los sueños, constituye un modelo psíquico senil inoperante para Manuel (la psique en los sueños siempre aparece como una figura femenina).

Las tres tareas que se le encargan devienen ocasiones que ponen de manifiesto el buen corazón de Manuel y pueden ser consideradas también como pruebas, porque el espectáculo de crueldad que él presencia en los tres casos, es como un detonante para que reaccione conforme a su calidad ética. En lo que se refiere al culebrón, animal mitológico que no se deja ver frecuentemente, según el decir popular, solo se muestra a personas que tienen un trato especial con el misterio y por eso, un destino diferente al común. El hecho de que Manuel quiera salvar al culebrón del tormento a que está siendo sometido es como decir que él se opone a que el misterio sea *profanado* por hombres vulgares.

En las célebres tapicerías de Ana de Bretaña en que se muestra la caza del unicornio, se da a entender que la reina se niega a mirar este animal fabuloso como una simple presa de cacería, después que hombres brutales le dan muerte con groseras jabalinas.

Si es efectivo que en los cuentos maravillosos la aventura heroica es una metáfora del proceso de individuación, el empeño con que Manuel se dispone a investigar qué ocurrió con el culebrón, apartando una roca pesada y descendiendo a un pozo, sin saber si podrá volver a salir, todo eso es una metáfora de la búsqueda interior del héroe. Sabe por intuición que él no es como el común de las personas, y tiene el coraje de enfrentarse a sí mismo para encontrar su verdadera identidad oculta por las imágenes y exigencias de un mundo estancado. Así el peñasco que obstruía la entrada del pozo simboliza, de un modo global, los obstáculos que él debe remover para acceder a su ser íntimo.

En todas las tradiciones antiguas el pozo es símbolo de la profundidad en que se halla oculta la verdadera vida significada por el agua, que se supone muy pura y benéfica. En el episodio evangélico del diálogo de Jesús con una mujer samaritana, la mención del pozo cavado en el lugar por el patriarca Jacob dos milenios antes, simboliza la vida que aún subyace en toda la tradición espiritual hebrea, a la que Jesús opone la nueva forma de unirse a Dios en espíritu y en verdad, lo que es simbolizado por un agua misteriosa que él puede darle a su interlocutora, la que una vez bebida calma la sed para siempre.

En el caso de este cuento el pozo al parecer no contiene agua, y por eso su simbología es usada aquí solo como un acceso del protagonista a las profundidades de sí mismo. El encuentro con una hermosa princesa se impone como una renovación interior de Manuel, esto es de la anciana abuela a la joven bella y virtuosa.

La pregunta que la mujer le dirige a Manuel es frecuente en los cuentos populares del género *maravilloso* y aún en las anécdotas, "¿Eres de esta vida o de la otra?". El significado es ambiguo, pues Manuel ha entrado en la *otra vida* y desde ahí le es dirigida la pregunta. Ambiguo porque dada la aventura que Manuel está viviendo esa pregunta puede tener más de un significado. En un sentido parece lógico que alguien situado en la otra vida, le pregunte al que viene de esta vida, a cuál de las dos pertenece (o viceversa) aunque la pregunta podría también relacionarse con el destino de Manuel, quien pareciendo ser un hombre común y corriente, tiene una relación interior con un mundo otro en el que puede hallar los elementos que le faltan para llegar a ser él mismo.

Manuel ha entrado en sí mismo y ha vislumbrado al complemento de su alma, pero sobre el que recae una prohibición. Esto es, Manuel sabe ahora que interiormente está lleno de energía y es un superdotado, pero por su pasado de niño malcriado, no puede asumir su verdadera identidad. Así lo que le pertenece por la constitución originaria de su ser, le está momentáneamente vedado. En ese sentido, el obstáculo mayor es la alienación de su espíritu simbolizada en el maleficio que ha transformado al rey, padre de la princesa y verdadero soberano del reino, en un culebrón.

El culebrón no es un animal maligno, como tampoco el loro en que se transformó el príncipe del cuento anterior; lo maléfico es la transformación misma de un ser humano en un animal. En el caso del otro cuento, el loro parece que conlleva tácitamente la idea de estar enjaulado, y en este cuento, el culebrón puede ser asociado a la idea de reptar vale decir, vivir arrastrándose, pegado a la tierra.

Idea que parece simbolizar la pérdida de altura, o imposibilidad de trascender el mundo material.

Todo eso representa para Manuel un desafío que liberará en él su naturaleza heroica. Pero por el momento sigue atado a su pasado, por eso ante el misterio que le ha salido al paso reacciona adoptando actitudes que lo traen de vuelta al mundo en que vivía. Por eso al responderle a la princesa que él es de esta vida, ella le dice que se vaya, porque no necesita de él. A ella la cuida el culebrón que es su padre. Frente a ese misterio Manuel responde con la vulgaridad que hasta ahora ha condicionado su carácter, *ese culebrón es mío; se lo cambié a unos chiquillos por un canasto de papas, y lo liberé de la muerte... Tengo que llevarlo a mi casa para que no me castigue mi taitita.* Sin embargo, en esa frase chata y desabrida, el protagonista le informa a la princesa que él es el liberador de su padre, por lo que la princesa, para recompensarlo por ese hecho, deviene el donante del objeto mágico, el que, por el poder que está oculto en él, terminará siendo la primera (o segunda) prueba propuesta a Manuel para conocer lo que hay dentro de su ser, sea bueno o malo. El solo hecho de que la princesa recompense a Manuel con el coquito de virtud, revela el comienzo del proceso que terminará con el *enlace* matrimonial de ambos, hecho conclusivo y venturoso al que no se podrá llegar sino cuando Manuel haya pasado por todas las pruebas que templarán su carácter.

El solo hecho de dudar que la princesa le haya dado un objeto que posee una virtud real, es revelador porque sus malas inclinaciones del pasado lo alejan de las metas superiores a que debe aspirar.

El objeto mágico que le fue entregado, por su virtud o poder, simboliza el acceso que el hombre puede tener a las potencialidades superiores que hay ocultas en su propio ser. Y en este caso, el hecho de que el protagonista, para averiguar si la princesa lo ha engañado o no (esto es, si ha hallado a su verdadera identidad dentro de él), en lo primero que pide, queda en evidencia que su mala crianza lo ha desviado hacia la vanidad y el ansia de poder. Desea una cena tan suculenta y fina como ni el mismo rey la ha tenido.

Esto pone de manifiesto su carencia anímica, en el sentido de que su condición de hombre pobre y subalimentado lo ha marcado con el resentimiento. Pero el hecho de que en varias ocasiones anteriores haya quedado en evidencia también que él tiene *buen corazón*, esta prueba en la que en cierto sentido ha fallado no por la cena misma, pues es evidente que Manuel tiene hambre, sino por el hecho de ser más fastuosa que las cenas del palacio real, puede ser compensada con el hecho de que se diga que probó poco de los exquisitos platos servidos, porque de inmediato surgió en él el deseo de beneficiar a sus abuelos con esa abundancia, a quienes halló desfallecientes de hambre acurrucados en un montón de paja. Lo mismo puede decirse del prodigio de haber agrandado la propiedad en extensión, poniendo dentro de ella siembras, árboles frutales, y animales.

Lo curioso es que los abuelos no preguntan a Manuel cómo ha logrado todo eso, pues hasta el momento él es solo un adolescente sin más trabajo que el que demandan los quehaceres de la propiedad familiar.

Así el coquito de virtud es un símbolo de la real capacidad de Manuel que estaba atrofiada por el ambiente de decrepitud en que había vivido hasta ahora.

Pero el hecho de que sea la princesa hallada en el fondo del pozo (esto es, su verdadera identidad psíquica) la que se lo ha dado, aproxima este episodio a otros de otros cuentos, en los que el héroe es auxiliado por una mujer dotada de poderes paranormales. En todos esos episodios se está diciendo simbólicamente que la psique posee muchos poderes reales que puede ejercer sobre las cosas, pero que muy pocos tienen acceso a esa verdad. En el caso de *Pinocho*, es el hada la que representa esa función. En el cuento *El tahúr o la hija del Diablo*, el último de este libro, es María la que le enseña al protagonista los secretos y procedimientos para cumplir todas las tareas imposibles que el diablo le impone. A este respecto cabe recordar un refrán mapuche que dice *nada es imposible.*

La figuración mágica de la narración, oculta el progreso real que Manuel está haciendo al desarrollar, sin ayuda de otros, sus reales aptitudes y los rasgos de carácter que se están manifestando en este cambio de personalidad. Por eso el pasaje que sigue dice: *Manuel, que hasta entonces había sido un niño, se convirtió de repente en hombre, sin que a nadie le llamase tal cosa la atención,* con lo que la proverbial discreción del narrador, está ocultando en ese lenguaje el hecho de que este niño ya es un adolescente que tuvo su primera experiencia sexual. Que de inmediato se diga que vestía con lujo y elegancia, pero era caritativo con los pobres, generoso con sus amigos, y tenía fama de ser un hombre rico, confirma la intención de esa información.

Se dice que Manuel *salía a veces a cazar, acompañado de su perro y de su gato, y otras iba a la ciudad, en donde todos lo agasajaban y querían.* En este pasaje también se puede ver que el narrador es discreto en su insinuación, porque a un hombre rico se le acercan muchos interesados de ambo sexos... Cuando se dice que salía a cazar acompañado de sus fieles animales cuya vida salvó, quiere sugerir que no obstante la opulencia con que el nuevo Manuel está viviendo, siempre quedaba algo del hombre sencillo, hijo del pueblo, y en cierto sentido, algo de niño.

Enseguida el narrador nos sorprende con la novedad de que en vez del soberano legítimo del reino, hay otro rey gobernando, que al parecer carece de sabiduría y de verdadera virtud, porque si el rey legítimo es víctima de un maleficio y está convertido en un culebrón que vive bajo la tierra, quien aparece gobernando ahora no puede ser sino un símbolo del ejercicio maligno del poder. A partir de este pasaje, una buena parte del cuento está referida al giro del destino que involucra a Manuel en una aventura de vanidad, poder y falso amor, por lo que entendemos que en referencia a las pruebas clásicas que todo héroe debe pasar, Manuel está en riesgo de ser descalificado definitivamente.

El rey se propone organizar un baile en la corte para presentar a su hija en sociedad y elegir entre los señores que asistan a la fiesta a su futuro yerno. Todos los pretendientes rivalizan en elegancia y prodigalidad trayendo valiosos obsequios para el soberano y la joven princesa. Manuel, cuya ambición parece no tener límite, siendo un hijo del pueblo aspira también a casarse con la princesa, y para eso obtiene mediante la magia del objeto de virtud, que este le haga aparecer un palacio más suntuoso y ricamente amoblado que el del mismo rey, el que lleva el nombre de Castillo de la flor de Lis (recordar que la cena que pidió antes debía ser mejor que las que se sirven en el palacio real) y cien servidores vestidos de generales. Con lo que se insinúa que además de rico y poderoso tiene bajo su mando a hombres de armas capaces de obtener por la fuerza lo que él quiera si alguien pretende impedírselo.

Cabe observar que el hecho de que Manuel le haya pedido al objeto mágico un palacio mayor que el del rey y cuyo nombre El castillo de la flor de lis constituye la cima de la loca carrera de Manuel a su perdición, pues además de suntuoso lleva en su nombre una alusión a un emblema del sacro imperio, heredada después por la casa reinante de los Capetos de Francia, emblema que representa la sabiduría en el sentido psicológico de la conciliación de los opuestos. La triada representada por la hoja central y dos hojas laterales, tienen el mismo significado que la vara central (el sí mismo) y las dos serpientes laterales (*animus* y *anima*) en el "caduceo" de Mercurio, dios de la sabiduría.

Con esta pretensión del protagonista de nuestro cuento ha llegado, por así decirlo, al borde de un precipicio, y sin saberlo está arriesgando su vida, aproximándose a la locura.

Pero la situación a que su ambición desmedida lo ha llevado (prueba del poder y la vanidad) se entiende en relación a la princesa que yace oculta bajo la tierra, porque es ella la mujer dotada de poderes paranormales que como donante del objeto mágico ha hecho posible que Manuel satisfaga sus vanidosos proyectos, de modo que el hecho de que él se olvide de la hija del rey en desgracia, es un claro símbolo de la traición a sí mismo que todo insensato hace en busca de una identidad falsa por la pura vanidad de ser admirado y adquirir poder sobre los demás. Así, la nueva princesa a la que aspira convertir en su esposa, representa el falso amor. En lo que se refiere al rey, su padre, basta para entender qué clase de hombre es, con leer la breve referencia, que el narrador hace cuando ve entrar al palacio a Manuel vestido de príncipe y escoltado por hombres de armas, trayendo ricos presentes para el soberano y su hija. De inmediato dijo para sí, *este será mi yerno*, lo que puede involucrar la sospecha de que la presencia de sus generales no le dio al rey la posibilidad de elegir otro pretendiente...

Además esa misma noche se concertó el enlace, y ocho días después tuvo lugar la boda. Así reconocemos las características del falso amor, el que no pasa por ningún proceso previo de perfeccionamiento ético, y busca su satisfacción inmediata. En referencia a esta característica del falso amor en los cuentos y en las novelas de caballería medievales, el arquetipo de donde deriva esa manera de describirlo, es el famoso filtro de amor de la gesta de Tristán e Isolda. En esa célebre narración versificada la enseñanza que contiene está referida a lo maligno que hay en la alienación pasional, pues el filtro que Isolda debe llevar a Cornuailles está destinado a encender la pasión donde naturalmente no puede haberla, pues Isolda debe casarse con el anciano rey Mark. El hecho de que Isolda, conociendo el poder del filtro, proponga a Tristán un brindis por la alianza de sus familias simulando que solo se trata de vino, representa la astucia de una mala mujer que seduce a un hombre de bien y lo arrastra al desastre y a la muerte por satisfacer su pasión. Por eso una vez bebido el filtro, la pasión se inflama y se satisface de inmediato, y así el caballero Tristán, debiendo pasar por tres pruebas para merecer a su dama, queda descalificado en el acto, no solo por haber cedido a la seducción, sino por ser él enviado por Mark a buscar a su esposa, con lo que falta también a la lealtad a su soberano.

El narrador agrega un detalle interesante, la princesa no fue consultada para concertar el enlace, y después Manuel llegó a saber que desde antes tenía amores con un negro empleado en el palacio. No se trata de racismo en este relato sino simplemente que el amante de la princesa representa la oscuridad de la lujuria.

Los encuentros de ambos amantes, según el relator, tenían lugar cuando Manuel salía a cazar con su perro y su gato, con lo que se insinúa que el protagonista, no obstante el mundo demencial en que se ha metido por su desvarío vanidoso, sigue siendo en el fondo de su ser un muchacho sencillo como lo fue antes de acceder a la clase alta de la sociedad.

Solo en lo que sigue del cuento se menciona la duda que surge acerca de los medios de qué se valió este hijo de campesinos pobres para adquirir tanta riqueza y poder. La consecuente curiosidad de averiguarlo surge en el negro, quien le sugiere a su amante que mediante las artes de la seducción consiga que este le revele el secreto, lo que logra la princesa después de *asegurárselo bien...* Así el incauto de Manuel le da a conocer a su esposa el objeto mágico gracias al cual ha llegado a ser yerno del rey y le entrega el coquito de virtud recomendándole que lo cuide mucho, mientras él sale de caza con su perro y su gato.

Como consecuencia de esta imprudencia, ha desaparecido la princesa y también El castillo de la flor de Lis, lo que enfureció al rey quien exigió de Manuel las excusas del caso. Manuel se ve obligado entonces de revelar el secreto de su poder y su opulencia, informando al soberano que entregó a la princesa, imprudentemente, un coquito de virtud mediante el que llegó a ser rico y famoso, ante lo que el rey exclama que eso le pasa por haber casado a su hija con un hechicero.

Despojado ahora de su fuente de poder, queda indefenso ante la guardia del palacio y es encarcelado y condenado a muerte por el rey, pero condicionalmente, con un plazo de tres días para recuperar a su hija y hacer reaparecer el Castillo de la flor de Lis.

Lo curioso es que sabiendo el rey que el castillo tiene solo una realidad ilusoria exija su recuperación, con lo que se podría estar insinuando la esencia misma de la palabra vanidad, en cuanto el adjetivo *vano* del que deriva, significa literalmente *vacío*. El rey que vio con buenos ojos que su hija desposara al dueño del famoso castillo, carece ahora de una muestra tangible de que su yerno sea el poderoso señor que todos creían que era, por eso exige con tal apremio que el castillo aparezca.

Es entonces que se cumple la dubitativa profecía que Manuel hizo cuando era un niño, en el sentido de que si bien traer más perros y gatos a su casa donde ya los había en cantidad, no era conveniente, ese perro y ese gato que el liberó de la crueldad de otros niños, algún día habrían de servirle para algo.

Es así como a Manuel le son asignados tres auxiliares no humanos. Tres animales cuya función en la aventura del protagonista se explica por lo que simbolizan. El perro, obviamente, simboliza la fidelidad. El gato, carece del grado de fidelidad del perro, y es afectivamente más indiferente, su rasgo característico es el sigilo, la habilidad y el alerta, características comunes a todos los felinos. En lo que se refiere al mono, el animal más parecido al hombre, por eso se le atribuye la inteligencia. Así la situación aflictiva en que nuestro héroe ha caído, como castigo por su vanidad, su lujuria, y su imprudencia, lo obligarán a sacar fuerzas de flaqueza y desarrollar con gran esfuerzo las aptitudes simbolizadas por estos tres animales.

Cabe observar también que el perro y el gato, según dice el narrador, hablaron entre ellos y se concertaron para ir a socorrer a su amo en desgracia, como retribución por lo que él hizo por ellos cuando eran maltratados por sus antiguos amos. Y si esos animales intervienen en el cuento solo como símbolos de algún aspecto del carácter del protagonista, el hecho de que Manuel haya sacrificado parte del sustento diario de la casa por salvarlos, aparece como un acto premonitorio, por el que se ve inconscientemente impelido a cautelar ciertos aspectos de su carácter, aunque después caiga en grandes tentaciones.

En la secuencia siguiente del relato se suceden tres episodios con idéntica estructura narrativa. El perro y el gato salen a rodar tierras y llegan a un cuartel donde todos los soldados eran ratones. Enseguida llegan a otro cuartel donde todos los soldados son gatos, y al fin llegan a otro cuartel en que todos los soldados son monos.

En la visita a los dos primeros cuarteles, queda en evidencia que la fidelidad representada por el perro no se quebranta, en cambio la habilidad del gato, cómo sería el caso de la astucia del zorro, sí cede ante la tentación, por carecer de base ética, y pone en riesgo el éxito de la misión que se han propuesto cumplir. El perro correctamente consulta y averigua; el gato no puede contener su instinto cazador y mata a varios ratones, como asimismo se deja tentar por los atractivos de una gata, que le vale una persecución a garrotazos de parte del marido celoso, lo que puede ser una metáfora de aventuras galantes del propio Manuel.

Pero llegando al cuartel de los monos, el gato se tranquiliza, además por las violentas reprimendas del perro. En los tres cuarteles han preguntado dónde está el Castillo de la flor de Lis, y ninguno de los consultados sabe nada de su paradero. Solo el mono Martín, que estaba ausente, quien llegando es consultado sobre el Castillo. Declara que justamente de allá viene, y *para más señas* dice que en el balcón se veía a la princesa besándose con el negro.

Autorizado el mono Martín para guiar al perro y al gato recorren un largo camino y hasta atraviesan un río, que parece no estar incluido en la narración sino para aumentar la idea de la extrema dificultad superada. Cabe recordar que hay un refrán que dice: *Quien no se arriesga, no pasa el río*, en el que este parece simbolizar justamente una dificultad que solo se supera con coraje.

La forma como logran sustraerle el objeto mágico a la princesa es cómica, con esa comicidad que es propia de la idiosincrasia popular. Literalmente la princesa vomita el coquito de virtud que escondía en la boca solo porque el gato le hace cosquillas en la nariz con su cola para que estornude, con lo que queda en evidencia que la dificultad de la misión estaba en la travesía y no en el rescate del objeto mágico. La forma como se lo quitan a la princesa da la impresión que es una forma metafórica de decir que un bien no merecido se puede perder por un hecho baladí, lo que sería aplicable también al mismo

Manuel, a quien le es robada la fuente de su poder con entera facilidad como castigo a una falta imperdonable en un ser elegido para un destino superior. Del mismo carácter puede ser la forma como el héroe Sansón perdió su fuerza al revelar a Dalila el secreto de cómo la obtenía.

El episodio de la segunda pasada del río en el que se narra cómo el perro que llevaba el coquito en el hocico, lo pierde en el torrente al quejarse de dolor a causa de un calambre, confirma el simbolismo del río antes referido, a lo que se agrega el símbolo del pez. La forma como el perro, símbolo de la fidelidad, pierde el coquito es también baladí y casual, pero esta pérdida es reparada de inmediato por un destino superior. Ese giro brusco de la aventura está bajo el signo del pez. Esto recuerda un pasaje del cuento *El tahúr o la hija del Diablo*, donde el protagonista, para lograr lo que necesita, debe pronunciar la siguiente fórmula mágica: *Dios y un pescadito debajo del agua*, fórmula que lo convertirá a él también en un pez. Con todo lo que este símbolo primitivo, que representa a Cristo, aparece inesperadamente como una vaga sugerencia para garantizar que la dirección maligna de la aventura se está revertiendo.

En adelante todos los prodigios operados por la virtud del coquito mágico son positivos sin carga maligna. *Coquito de virtud por la virtud que Dios te ha dado, llévanos adonde nuestro amo.* Eso es lo primero que los animales pidieron. Enseguida Manuel en la cárcel pide que el rey concurra al calabozo, lo que este hace por su propia voluntad y eso para mostrarle la evidencia de que el Castillo de la flor de Lis desapareció porque la princesa lo trasladó mágicamente a otro lugar para seguir su aventura con el negro, lejos de la mirada de su padre. El coquito de virtud le da al rey entonces la visión a distancia de su hija acariciándose con el negro, por lo que este se rinde a la evidencia. El prodigio siguiente trae a la princesa y a su negro ante la presencia del rey, haciendo desaparecer el maldito castillo ilusorio.

Es digno de destacar que cuando el rey se presenta en el calabozo, Manuel le dice que quiere convencerlo de que todo lo malo que ha ocurrido es culpa de su hija la princesa, en circunstancias que el culpable de todo ha sido Manuel, quien siendo un hombre del pueblo se le fueron los humos a la cabeza hasta concebir el proyecto demencial de casarse con la hija del rey. Lo que es tanto más grave cuanto que el verdadero rey vive humillado en el fondo de un pozo, transformado en culebrón por un maleficio, y su hija la princesa oculta es quien le ha transferido a Manuel un poder que él ha usado para su perdición

Con los elementos de juicio que nos da la exégesis de los cuentos desde la psicología analítica, esta aparente inconsecuencia de Manuel se explica comparando a las dos princesas. La primera, es el verdadero complemento anímico de Manuel, por eso es ella la fuente de su poder. La otra, al estar asociada a un ser de color oscuro, se aproxima al concepto jungiano de la *sombra*, por eso al decir Manuel que ella es la culpable de todo, está denunciando simbólicamente a la parte oscura de su propio ser como la fuente del mal.

Manuel al entregarle su hija al rey le dice: *quédese con ella, que yo no la quiero para nada...* Esas palabras marcan el momento en que este es desengañado de su propio mal, y bota fuera su falsa identidad.

El siguiente prodigio operado por el objeto mágico es el traslado milagroso de Manuel al fondo de pozo donde comparece ante la verdadera imagen de su alma, su verdadera identidad y debe reconocer avergonzado que los poderes que ella le dio fueron usados para el mal.

El último milagro operado por el coquito lo hace cuando es la misma princesa la que le ordena que por la virtud que Dios le ha dado ponga fin al encantamiento que hay en el pozo. La princesa pudo hacer eso ahora, solo por la conversión de Manuel, de manera que si ella aprisionada bajo la tierra era su alma cautiva, eso se debía a la alienación de su espíritu representado en el rey convertido en culebrón.

El palacio en que se convierte el pozo representa la transfiguración del mundo o el nuevo orden que adviene cuando el héroe cumple su misión para sí mismo y para los demás. La función narrativa llamada enlace cierra el ciclo completo de esta aventura heroica.

La mención conclusiva de una fiesta de bodas en que se comió en abundancia y de la que se benefició todo el pueblo, es una metáfora mediante la que se representa el restablecimiento del pacto social.

Junto con el nuevo castillo se mencionan también bosques y grandes extensiones territoriales, los que vienen a ser algo semejante a la tierra prometida.

EL TAHÚR O LA HIJA DEL DIABLO

EL TAHÚR O LA HIJA DEL DIABLO

Han de saber que estos eran dos viejecitos marido y mujer que vivían en un miserable rancho, como a una legua de distancia de la ciudad.

No tenían sino un hijo que se llamaba Pedro, y el cual, cuando estuvo en edad conveniente, lo pusieron en el colegio. Pedro era un muchacho flojo y se excusaba de ir a la escuela alegando que estaba muy lejos. Cuando sus padres lo obligaban a ir, se quedaba en el camino zanganeando con otros niños de su edad, tan flojos como él.

Sin embargo, dos cosas le entretenían: pelear y luchar con sus compañeros de ociosidad y jugar a las cartas, y a ambas se entregaba con placer. En las dos llegó a ser habilísimo, los muchachos temían la fuerza de su brazo y sus puños imponían respeto; en el juego era maestro, tanto que no escapó persona del pueblo y de los alrededores a quien no ganara.

La suerte le acompañó siempre, de modo que siendo aún muy joven, era uno de los más ricos del país.

Viéndose con tanto dinero, llevó a sus padres a la ciudad y los estableció con un almacén para que, sin gran trabajo, pudieran vivir sus últimos años tranquilos y con holgura.

En la ciudad nadie quería ya jugar con él. Esto lo desesperaba, porque la pasión del juego lo dominaba por completo Se propuso entonces ir a otra parte a buscar competidores, y cuando se estaba preparando para emprender viaje, se le presentó el Diablo en la puerta de su casa, acompañado de una mula cargada con dos sacos de oro.

—A jugar contigo vengo, dijo el Diablo.

—Bien venido sea, contesto Pedro, porque ya me iba aburriendo. Vamos a ver si es tan diablo como dicen.

—Comencemos y verás, y ha de ser luego, porque tengo unas diligencias urgentes que hacer. Pero antes da vuelta para la pared esos santos que tienes ahí colgados.

Volvió Pedro los santos, e inmediatamente comenzó el juego con gran entusiasmo.

Bien puesto dejó Pedro su nombre, porque en un dos por tres los dos sacos de oro con mula y todo, pasaron a su poder.

Cuando el Diablo se vio sin plata, propuso a Pedro que se jugaran ellos mismos Pedro aceptó. Al primer juego salieron patas, volvieron a jugar, y también salieron patas, se jugaron por tercera vez y ninguno de los dos ganó Entonces dijo el Diablo.

—Luchemos, y el que primero eche al suelo por tres veces a su contrario, ese gana y se lo lleva.

—Convenido.

Salieron al patio a luchar. Se desnudaron de la cintura para arriba, se abrazaron y comenzaron a forcejear. Los dos eran muy forzudos: no se sentía más que los resoplidos que daban de la fuerza que hacían, y el sudor les caía a chorros.

Esto duró largo rato, pero al fin Pedro logró tender al Diablo en el suelo. Empezó la lucha de nuevo, y de nuevo Pedro botó al Diablo. Pero el Diablo venció después a Pedro por tres veces seguidas.

—Eres mío, le dijo, pero no quiero abusar. Tienes tres meses de plazo para arreglar tus asuntos e irte a mi casa. Tú ya sabes, yo vivo en la ciudad de Garabito... Toma este machete, que te servirá para el camino.

Se fue el Diablo.

Arregló Pedro sus negocios en un par de días y se dijo:

—"Días más, días menos ¿qué más da? lo que se ha de hacer mañana mejor es que se haga hoy". Y se echo seis pesos a la cartera, tomó el machete y partió en busca de la ciudad de Garabito.

Anduvo y anduvo muchos días, hasta que por fin llegó a una montaña y se encontró con un zorrito.

—¿Sabe, amigo, por casualidad, donde está la ciudad de Garabito?

—No lo sé, señor, pero tal vez mi mamá pueda darle noticia.

Fueron a preguntárselo a la mamá del zorrito, pero también lo ignoraba. Sin embargo:

—¿Quién sabe, dijo, si mi compadre León, que es tan andariego y trajinante, la conozca? Anda tú, hijo, y encamina a este caballero adonde el compadre; pueda ser que él sepa en dónde está esa ciudad.

Y la zorra mató una gallina, la coció y se la dio a Pedro para el camino.

Salieron Pedro y el zorrito y llegaron a la casa del León, ya bastante tarde. Presentó el zorrito a Pedro, y éste, después de los saludos de costumbre, preguntó al León si había oído nombrar la ciudad de Garabito.

—No la he oído mentar en toda mi vida; pero es casi seguro que mi compadre Traro la conoce.

Mató el León un cordero, asó un costillar y se lo dio a Pedro para el camino. Después le dijo a un leoncito nuevo:

—Endilga a este caballero a donde mi compadre Traro.

Llegaron a donde el compadre Traro.

—Buenas tardes, compadre Pedro, contestó el Traro.

—Por aquí me trae una diligencia, y es saber si usted me puede decir dónde se encuentra la ciudad de Garabito.

—Nunca he oído hablar de ella, compadre Pedro, pero quién sabe si mi compadre Jote la conozca. Y mandó a uno de los traros nuevos que lo fuera a encaminar.

Llegaron a donde el Jote.

—Buenas tardes, compadre Jote.

—Buenas tardes, compadre Pedro.

—Sabe usted compadre donde se encuentra la ciudad de Garabito

No lo sé, compadre pero es muy posible que alguno de mis hijos La conozca. Yo me paso encerrado en la casa; ellos son los que salen.

Descolgó el compadre Jote una corneta y la hizo sonar y comenzó a llegar una multitud de jotecitos, hijos del Jote viejo.

—¿Han oído hablar ustedes de la ciudad de Garbito? Ninguno la había oído nombrar; pero le dijeron que quizás Cuhufito[9] que todavía no había llegado, pudiera suministrar datos, porque ese era el más andariego de todos.

Tocaron la corneta más fuerte que antes, y solo después de mucho rato llegó el jotecito rezagado. Venía por estas cruces de Dios[10], como que me voy, como que me caigo, tan borracho que a duras penas podía tenerse. Le preguntó el Jote padre por qué se había demorado tanto, y contestó que porque había estado en la ciudad de Garabito, conversando con el Diablo.

—¿Y podría usted llevarme allá? —le pregunto Pedro.

—Como no, pues, respondió Cuchufito, y hasta con los ojos cerrados; conozco el camino como las palmas de mis manos.

---

[9]   Cuchufito, dim. de Cuchufo o cuchufio = borracho, ebrio.

[10]   Andar por estas cruces de Dios = estar ebrio.

Se acostaron a dormir y poco rato después todos roncaban que era un contento, menos Pedro, que, preocupado, no pudo pegar los ojos en toda la noche. Al pobre no le quedaba ya más que un día para cumplir los tres meses que le había acordado el Diablo.

Se levantaron en cuanto Dios amaneció y se pusieron en marcha.

Cuchufito preguntó a Pedro:

—¿Lleva plata para el camino, amigazo? Mire que a mí me gusta echar un trago de vez en cuando y el dinero se me ha acabado; no me queda ni media "chirola" siquiera.

Pedro le entregó los seis pesos que llevaba y el jotecito se le rió la cara del gusto: nunca había tenido tanta plata junta.

—Vea, amigo, le dijo a Pedro, yo soy muy agradecido, y en prueba de ello tome esta pluma (y se sacó una del ala derecha y se la pasó). Llévela, que para algo le servirá. Yo lo voy a acompañar hasta el pie de una mata de boldo que hay a orillas de una laguna, a las doce del día llegarán allí tres patas, que son hijas del Diablo, la que llegue más atrás, que se llama Mariquita trenzas de oro, se va a dejar caer derechito para abajo entonces usted le dice a esta plumita: —"Dios y un pescadito debajo del agua"—, y se deja caer, convertido en pez, cerca de donde esté desnudándose Mariquita trenzas de oro. En cuanto Mariquita se meta al agua, usted se vuelve hombre; tal como es, toma las trenzas que ella habrá dejado en la orilla juntas con su ropa, y se esconde detrás de la mata de boldo. Cuando ella salga del agua y no encuentre sus trenzas de oro dirá: —"¿Dónde están mis trenzas de oro? ¿Quién me las ha escondido? Al que me las entregue yo lo libraré de los peligros en que llegue a encontrarse"—. Entonces usted se las entrega y ya puede estar tranquilo.

Condujo Cuchufito a Pedro hasta la mata de boldo y allí lo dejó. Poco después, a las doce en punto, llegaron tres patas a bañarse. Desde lejos las divisó y sacando la pluma dijo —"Dios y un pescadito debajo del agua"— y convertido en pececillo, comenzó a nadar y se ocultó entre unas piedras, mientras Mariquita entraba a bañarse.

Mariquita se sentó encima de las piedras, se desvistió y enseguida se sacó las trenzas de oro, las colocó encima de la ropa y se zambulló en el agua. Inmediatamente salió Pedro cogió las trenzas y se ocultó detrás del tronco de boldo y esperó.

Cuando Mariquita se puso a vestir echó de menos sus trenzas de oro ¿Quién me las ha escondido? Al que me las entregue yo lo libraré de todos los peligros en que llegue a encontrarse.

Entonces salió Pedro de su escondite

—¿Qué dice, señorita?

—Que al que me entregue mis trenzas de oro yo lo libraré de todos los peligros en que llegué a encontrarse.

—Yo me encuentro en un serio peligro, y espero que usted me librará de él.

Y le entregó las trenzas.

—Confíe usted en mí. ¿Y se puede saber para dónde va?

Como no, pues voy para la ciudad de Garabito, a casa del Diablo, con quien tengo que verme hoy mismo.

El Diablo es mi padre, y cuente que con él no le irá muy bien. Sin embargo, cuando él le mande hacer algún trabajo, acuérdese de mí y yo lo ayudaré.

Y Mariquita trenzas de oro, convertida en pata, emprendió el vuelo.

Pedro se puso en marcha para la ciudad de Garabito, cuyo camino le había mostrado el jotecito antes de irse; y como le molestara el machete que tres meses antes le había entregado el Diablo, lo disparó lejos, diciendo:

—¿Para qué quiero esta porquería? ¡Para lo que me ha servido! ¡Más es lo que estorba!

A poco andar llegó a la ciudad. El Diablo salió a encontrarlo y en vez de saludarlo le preguntó

—¿Y el machete, qué lo hiciste?

—Se me vino adelante y no lo pude sujetar.

—¿Conque se te vino adelante, no? el haberlo arrojado te va a costar muy caro. Mañana, de madrugada, vas a sembrar este trigo encima de aquellas piedras, y a las doce me traerás pan amasado con la harina del trigo que coseches.

—Se hará, señor.

Muy temprano se Levantó Pedro al día siguiente, tomó el trigo que le había entregado el Diablo el día anterior, se echó un chuzo y un azadón al hombro y andando, andando se fue a hacer la siembra.

Las piedras eran muy duras y por más que trató de cavar en ellas, nada pudo conseguir. Cansado, se tiró al suelo y se quedó dormido.

Ya iban a ser las doce cuando llegó Mariquita trenzas de oro, lo despertó y le dijo;

—¿Qué hubo del trabajo que te mandaron hacer? ¿Sembraste el trigo? ¿Lo cosechaste? ¿Lo moliste? ¡Ya tendrás hecho el pan! Lo que es yo ya tengo la comida preparada.

—El trabajo me dio sueño y me quedé dormido.

—Todo eso está muy bueno, pero mientras tanto mi padre va a llegar. Yo no quiero que te pille.

Y agregó:

—Dios dé trigo encima de estas piedras,... que se esté sembrando;... que una máquina lo trille,... y un molino lo muela,... y un panadero haga el pan,... y un horno lo cueza.

Y a medida que pronunciaba estas palabras, lo que ella decía se iba haciendo; de manera que cuando terminó, el pan estaba hecho. Púsole en un canasto y pasándoselo a Pedro le dijo:

Toma, llévaselo a mi padre que ya debe estar en la mesa esperando.

Cuando Pedro le entregó el pan al Diablo, éste le preguntó:

—¿Cómo has hecho este pan?

—Como se hacen todos los panes, pues. Usted me mandó que lo hiciera y yo lo hice. Cuando el hombre quiere hacer una cosa la hace no más.

—Si es así, mañana me vas a hacer otro trabajo: me desaguarás aquel pozo que está allí, con este balde.

Y le pasó un harnero.

Pedro se fue donde Mariquita trenzas de oro y le pregunto que cómo haría para sacar tanta agua del pozo con un tiesto tan poco adecuado. Mariquita le dio una bolsita y le encargó que antes de ponerse a la obra vaciara en el harnero la harina que la bolsita contenía, desparramándola sobre la tela agujereada.

Al día siguiente, muy de madrugada, se levantó Pedro para hacer su trabajo; hizo lo que Mariquita le había encargado y con ello se taparon los agujeros del harnero y pudo sacar el agua del pozo.

A las doce en punto vino el Diablo y encontró el pozo seco.

—¿Cómo has hecho para sacar el agua? Preguntó a Pedro.

Señor, le respondió éste, como se saca el agua de todos los pozos, pues usted me mandó que lo hiciera y yo lo hice. Cuando el hombre se propone hacer una cosa, la hace no más.

Si es así mañana me vas a hacer un puente que atreviese el mar, cortarás la madera, la labrarás, armarás el puente y lo terminarás por completo a las doce del día,

Bueno no más, dijo Pedro.

Y se fue donde Mariquita trenzas de oro para que lo sacara del apuro.

—Mañana, cuando vayas a empezar la obra, acuérdate de mi y no tengas cuidado, le contestó Mariquita.

Al otro día se levantó Pedro al amanecer, tomó un hacha y se fue al bosque cercano a cortar árboles. Cortó unos cuantos palos, no más de diez, pero luego se sintió fatigado.

Ya no trabajo más, se dijo, voy a dormir un momento, en otro rato más seguiré la obra.

Y se quedó dormido.

Eran las once y media cuando Mariquita trenzas de oro llegó donde él, y despertándolo le dijo:

—Ya van a ser las doce y todavía no comienzas a armar el puente. Ni siquiera has cortado la madera.

—Me sentí fatigado y me quedé dormido.

Entonces Mariquita, volviéndose a la playa, dijo:

—Hágase un puente que atraviese el mar.

Y el puente se hizo en el mismo instante.

Llegó el Diablo, y al ver el puente, preguntó a Pedro:

—¿Cómo has hecho este puente tan ligero?

—Como se hacen todos los puentes, pues señor. Usted me pidió que lo tuviera a las doce y por eso me apuré a hacerlo. Usted sabe, señor, que cuando al hombre se le pone en la cabeza hacer alguna cosa, la hace no más

—Está bien, replicó el Diablo, y ya que es así, mañana me vas a cuidar los tres conejitos que están dentro de aquella caja, y cada hora los sacarás afuera para que bailen.

Está muy bien, asintió Pedro, y se fue a decírselo a la Mariquita trenzas de oro.

—Mi padre te quiere pillar, le dijo ella, pero no tengas cuidado: mañana, cuando estés con los conejos acuérdate de mi no más.

—Te tendré muy presente.

—Que no se te vaya a olvidar, te repito.

Con el canto de las diucas se levantó Pedro al otro día y ya estaba el Malo esperándolo con los conejos, abrió la caja y le mostró cómo bailaban. Pedro encontró que bailaban muy bien, y efectivamente danzaban como perfectos bailarines.

Le ordenó el Diablo que llevara la caja a orillas del mar y le dijo que volvería a las doce para ver cómo se habían portado los conejos y qué tal los había cuidado Pedro.

Hizo lo que el Diablo le mandó, pero una vez que dejó la caja a orillas del mar, le dio flojera y se puso a dormir. Poco faltaba para las doce cuando despertó, y oyó que los conejos lloraban.

—Pobrecitos, dijo, tendrán ganas de bailar.

Y les abrió la caja. Entonces los conejos se pusieron a bailar que era un contento verlos; pero de repente se le escaparon. Uno se fue mar adentro, otro se dirigió a la cordillera y el tercero huyó para la ciudad.

¡En qué apuros se vio el pobre Pedro! Por seguir a éste último, perdió de vista a los otros dos, y el que perseguía se le hizo humo de repente.

Ya iban a ser las doce cuado llego la Mariquita trenzas de oro.

—¿Por qué no te has acordado de mí? le preguntó.

—Con el cuidado de buscar a los malditos conejos, que se escaparon, me olvide de ti, respondió Pedro.

—¡Que los conejos vuelvan inmediatamente a su caja! mandó Mariquita.

Y los conejos volvieron mansitos y se metieron dentro de la caja.

Mariquita que se va y el Diablo que llega. Al punto preguntó a los conejos (que eran tan diablos) si Pedro los había hecho bailar. Contestaron que si.

—¿Y por qué no se escaparon?

—Nos escapamos, pero fuimos cogidos.

Entonces el Diablo dijo a Pedro:

—Mañana me harás otro trabajo, y será el último que te encomiende. —¿Y en qué consistirá?

—Me rozarás aquella montaña, la destroncarás, prepararás la tierra, plantarás una viña y a las doce me traerás uva madura.

—Así se hará, contestó Pedro.

Y se fue a ver a Mariquita trenzas de oro para que lo ayudara.

—Un poco difícil está este trabajo, dijo ella; pero acuérdate de mí cuando sea tiempo y no te pongas a dormir como las veces anteriores.

Pedro le prometió complacerla y se fue a acostar. Al primer diucazo ya estaba en pie, y echándose al hombro un hacha y un azadón, se dirigió a la montaña. Comenzó su tarea con empuje, y había botado unos cuatro o cinco troncos cuando se sintió cansado y sin fuerzas para continuar trabajando. Se tendió en el suelo y se quedó dormido.

Ya iban a ser las doce cuando llegó Mariquita trenzas de oro y lo encontró roncando. Entonces lo tomó de un pie, lo arrastró y lo fue a dejar a un quilantro y le dijo que así lo castigaba por dormilón y por no haberse acordado de ella. Inmediatamente después ordenó:

—Pónganse cincuenta trabajadores a rozar la montaña,... ya están destroncando,... ya están preparando la tierra;... ya están plantando la viña,... ya la viña está brotando,... y dando uva,... y la uva madurando,... y Pedro recogiéndola en un canasto.

Y conforme iba hablando, las cosas iban sucediendo, tan bien y tan ligero que Mariquita apenas tuvo tiempo de huir y esconderse para que el Diablo no la viera.

Entregó Pedro al Diablo la canasta de uva y el Diablo le dijo que estaba bien, que ya no le encomendaría ningún otro trabajo.

Cuando el Diablo llegó a su casa le dijo a su mujer:

—¿Qué te parece, vieja, lo que me pasó con Pedro? le he encargado tales y cuales obras y todas me las ha hecho.

¿No ves Diablo leso, le contestó la Diabla, que es la María que lo ayuda?

—Así no más debe de ser, pues, hija, y ¿qué haremos con ellos? —Mañana los quemaremos a los dos.

Mariquita trenzas de oro oyó esta conversación, escondida detrás de una puerta, y en la noche se fue a hablar con Pedro:

—Ahora si que la sacamos chueca, le dijo. Mañana quieren quemarnos a los dos. No es cierto que el Diablo sea mi padre; él, su mujer y sus hijos me aborrecen; cuando yo era chiquita me fue a robar a la Gloria... Tendremos que irnos, porque, de lo contrario, nos queman... Toma esta fuente y escupe adentro, yo escupiré en esta otra... Ve a buscar el caballo claro que está al lado adentro de la pesebrera, que anda una legua de cada tranco, no vaya a ser que traigas el que está afuera, porque ése no anda más que media legua.

Fue Pedro a buscar el caballo que estaba adentro; pero se confundió y trajo el que estaba afuera de la pesebrera.

—Traje este porque estaba más cerca, para no demorarme

—¡Qué le haremos! en él tendremos que irnos.

Y los dos subieron al caballo y partieron.

Sería media noche cuando el Diablo llamó a Pedro y a María, y las salivas que ellos habían dejado en las fuentes contestaron:

—¿Qué quiere, señor?

—Nada: duerman, duerman no más.

Como a las tres de la mañana despertó el diablo y llamó:

—¡Pedro! ¡María!

—¿Qué quiere, señor? contestaron las salivas, no con voz tan alta como la primera vez, porque se iban secando

—Nada; duerman, duerman no más.

A las cinco despertó de nuevo el Diablo.

—¡Pedro! ¡María!

—¿Qué quiere, señor? respondieron las salivas con voz débil y apagada, porque ya estaban casi secas.

Media hora más tarde el Diablo se levantó e hizo una gran fogata para quemar a Pedro y a Mariquita; pero cuando fue a buscarlos a sus camas no los encontró.

—Se fueron estos picaronazos, le dijo a la Diabla, y se llevaron el caballo que anda media legua; pero yo los seguiré en este, que muda una legua por tranco, los alcanzaré y me las pagarán.

—Bueno, respondió la Diabla; yo me quedaré aquí cuidando la casa, esta noche te espero, no dejes de traerlos.

Subió el Diablo en el caballo que andaba una legua de cada tranco y ya estaba cerca de los fugitivos, cuando Mariquita acertó a mirar para atrás y lo divisó. Entonces dijo:

—Vuélvase mi caballo una laguna pantanosa, y yo una pata y Pedro un pato.

Llegó el Diablo a la laguna y quiso atravesarla, pero el caballo se empantanó y a duras penas logró sacarlo. Tuvo que volverse a su casa.

Cuando la Diabla lo vio que venía solo, le preguntó:

—¿Pedro y la María?

—Cuando los iba a alcanzar se empantanó el caballo en una laguna que había en el camino, y mientras forcejeaba por salir, se me hicieron humo.

—¿Y no viste nada en la laguna?

—¡Ah, viejo tonto! esos patitos eran ellos, y la laguna el caballo. Yo saldré mañana y verás como los pillo.

Apenas el Diablo volvió atrás, Mariquita, Pedro y el caballo tomaron su forma natural y continuaron huyendo.

Al otro día montó la Diabla en el caballo que andaba una legua de cada tranco y salió tras Pedro y Mariquita; pero cuando al caballo no le faltaba dar sino unos cuantos pasos para alcanzarlos. Mariquita logró verla y dijo:

—Póngase entre nosotros y la Diabla un bosque que se esté rozando, y los trocos de los árboles cayéndose.

Y en el momento apareció cortando el camino un bosque inmenso que estaba ardiendo y los troncos quemados caían en todas direcciones, de modo que la Diabla no pudo pasar y tuvo que volverse a su casa.

Cuando el Diablo se impuso de lo sucedido, le dijo: ¡Ah, tonta! lo que viste fueron puras apariencias que la María puso en el camino. Mañana iré yo y verás como los traigo.

Tempranito salió el Diablo al otro día y desde lejos alcanzó a divisarlo Mariquita, quien, al punto, mandó;

—Vuélvase el caballo una iglesia, Pedro un cura diciendo misa y yo el niño que le esté ayudando.

Llegó el Diablo a la iglesia, y sin fijarse que era un templo, se dijo:

—Voy a entrar a esta casa a preguntar si han pasado por aquí los que busco.

Entró en el momento en que Pedro alzaba la hostia, y esto que ve el Diablo arranca patitas pa'que te quiero, echando sapos y culebras.

Llegó a su casa.

—No los pude alcanzar, le dijo a la Diabla, ni siquiera tuve noticias de ellos. Llegué hasta una iglesia en que estaban diciendo misa, no pude entrar y me volví.

— ¡Ah, viejo tonto! la iglesia era el caballo, el que decía la misa era Pedro, y el que le ayudaba la María. Déjame ir a mí mañana y no se me escaparán.

Salió la Diabla al otro día, pero la Mariquita la vio cuando venía muy distante aún.

—Fórmese aquí, dijo, un mar con la orilla cubierta de piedras sueltas, vuélvase el caballo un buque y nosotros que seamos los marineros.

Y se hizo como Mariquita ordenó.

Llegó la Diabla a la orilla, los vio que iban navegando y les gritó:

—Ya sé que son ustedes; a mí no me hacen lesa como a ese viejo tonto de mi marido.

Y quiso avanzar, pero el caballo se resbaló en las piedras sueltas de la playa y se cayó con Diabla y todo y casi la revienta.

A la Diabla no le quedó más remedio que volverse a su casa, pero antes los maldijo:

—Anda, María, ahora vas muy contenta, pero ese perro pícaro que llevas te ha de abandonar y se casará con otra.

Cuando los navegantes oyeron la maldición de la Diabla, dijo María:

—¿Oyes Pedro?

—Sí, he oído, pero eso no sucederá, de picada saca versos.

Llegaron a la costa y desembarcaron en un hermoso puerto. Pedro dejó a Mariquita muy recomendada en una casa mientras iba a comprarle ropas y otras cosas que necesitaba.

Pero en la ciudad Pedro se entusiasmó y en vez de hacer las compras que se había propuesto, entró a una casa de juego y ganó, y después fue a divertirse con los nuevos amigos que se había conquistado en el garito y para nada se acordó de Mariquita trenzas de oro.

Sucedió que a los pocos días conoció a unas niñas, una de las cuales le llenó el ojo y sin más ni más la pidió para casarse. Accedió la interesada, y se concertó el matrimonio para la semana siguiente.

Como en el mundo todo se sabe, la nueva del matrimonio de Pedro fue corriendo, corriendo, corriendo, hasta que llegó a noticias de Mariquita.

Amaneció el día del matrimonio, que debía celebrar después de un suntuoso almuerzo a que estaban invitadas las principales personas de la ciudad. Los convidados eran más de doscientos, así es que Mariquita pudo pasar entre ellos sin llamar la atención de nadie.

Ya estaban todos en la mesa cuando Mariquita se levantó y pidió permiso para entretener por un momento a la concurrencia con una suerte muy divertida. Se le concedió, y solicitó una palangana con agua. Se la trajeron, y cuando la dejaron en la mesa delante de ella, saltaron adentro un patito y una patita, que se pusieron a nadar. Después de dar varias vueltas en el agua, la patita se puso delante del patito y le dijo:

—¿Te acuerdas, patito, cuando a mí se me perdieron mis trenzas de oro y yo ofrecí librar de todo peligro al que me las entregase?

El patito echó una zambullida y contestó:

—¡Jajay, que no me acuerdo!

Dieron otra vuelta sobre el agua y la pata volvió a preguntar:

—¿Te acuerdas, patito, cuando te mandaron sembrar trigo arriba de unas piedras y que con el trigo que cosecharas hicieras pan y lo sirvieras a las doce el mismo día y que sin mi ayuda te habrías perdido?

—¡Jajay, que no me acuerdo!

—¿Te acuerdas, patito, cuando te mandaron desaguar un pozo con un harnero, y no hubieras podido desaguarlo si yo no te hubiera dado una bolsita con harina para que se taparan los agujeros?

—¡Jajay, que no me acuerdo!

—¡Ah, patito, ingrato! ¿Te acuerdas cuando te mandaron hacer un puente que atravesara el mar y que debías tenerlo concluido a las doce del mismo día?

—¡Jajay, que no me acuerdo!

—¿Te acuerdas, patito, cuando te mandaron cuidar unos conejos y que los hicieras bailar tres veces antes de las doce, y se te escaparon uno para el mar, otro para la cordillera y otro para la ciudad, y yo te los recogí?

—¡Jajay, que no me acuerdo!

—¿Te acuerdas, patito, cuando te mandaron plantar una viña y tenías que rozar una montaña y llevar uva madura antes de que dieran las doce?

—¡Jajay, que no me acuerdo!

—¿Te acuerdas, patito, cuando nos iban a quemar a los dos y yo te mandé buscar el caballo que andaba una legua de cada tranco y tú trajiste el que andaba media legua?

—¡Jajay que no me acuerdo!

—¿Te acuerdas, patito, cuando veníamos huyendo, y mi papá nos siguió en el caballo que andaba una legua, y yo hice que el caballo en que veníamos montado se convirtiese en la laguna y nosotros en dos patos, y no pudiendo avanzar mi papá tuvo que volverse atrás?

—¡Jajay, que no me acuerdo!

—¿Te acuerdas, patito, cuando mi mamá salió a perseguirnos y que cuando ya le faltaba poco para alcanzarnos, yo hice que se interpusiera, entre ella y nosotros, un roce, y que los palos que caían le impidieron pasar?

—¡Jajay, que no me acuerdo!

—¿Te acuerdas, patito, cuando, al día siguiente, mi papá casi nos alcanzó y yo hice que el caballo se transformara en iglesia, tú en sacerdote que decías la misa y yo te la ayudaba?

—¡Jajay, que no me acuerdo!

—¿Te acuerdas, patito, cuando mi mamá nos siguió y yo mandé que se pusiera, entre ella y nosotros, el mar con la costa llena de piedras sueltas, que nuestro caballo se volviera buque y nosotros marineros?

—¡Jajay, que entre luces me voy acordando!

—Ah, ¡patito ingrato! ¿No te acuerdas cuando desembarcamos y me dejaste en la primera casa que encontramos a la entrada del puerto, y fuiste a la ciudad a comprarme ropa y me dijiste que volvías luego y no volviste más? ¡Me abandonaste y te vas casar con otra!

—¡Jajay, que me acordé! respondió el patito.

Y entonces se acordó Pedro de todo lo que había pasado, y levantándose de su asiento, dijo:

—Es cierto todo eso que ha dicho la patita. Yo soy el patito y he sido un ingrato. La patita es Mariquita trenzas de oro, que me ha librado de tantos peligros, y ella debe ser mi mujer.

Y se casaron y fueron padrinos la que era novia y su padre. Y las fiestas fueron tan grandes como no se habían visto nunca, y hubo en ellas mucho contento y regocijo, y yo, que me encontré en la boda, gocé como cuatro.

Y se acabó el cuento del burro piojento, y se lo llevó el viento por la mar adentro y pasó por un zapatito roto para después contar otro.

INTERPRETACIÓN

HIJO DE ANCIANOS

La situación inicial de este cuento nos refiere a *dos viejecitos, marido y mujer, que vivían en un miserable rancho, como a una legua de distancia de la ciudad,* contexto que nos indica que el héroe de nuestro cuento corresponde al llamado *héroe popular* de origen socio-económico humilde y marcado por carencias de ese tipo.

Estos ancianos tenían un hijo, único, que *cuando estuvo en edad, conveniente, lo pusieron en el colegio. Pero era un muchacho flojo y se excusaba de ir a la escuela alegando que estaba muy lejos. Cuando sus padres lo obligaban a ir, se quedaba en el camino zanganeando con otros niños de su edad, tan flojos como él.* Esta situación revela ya signos de un orden alterado: la distancia generacional no usual entre el héroe, Pedro, y sus padres, conlleva una alteración de los principios materno y paterno, en cuanto constituyen una imagen en regresión para el héroe. Además, sus padres viven aislados del mundo, reducidos en su precariedad de espíritu. Pedro no tiene un modelo normal de sus padres, los que, dada su corta edad, debieran ser más jóvenes e insertos en el medio que los enmarca. Vive con dos ancianos, los que, en un sentido, representan al intelecto y a la afectividad, entregados con deficiencia para la formación del héroe.

Hay aquí signos de una debilidad de espíritu, que alcanza también al niño. Este, en vez de acceder a la sabiduría (representada tradicionalmente por la escuela) se aparta del recto camino para darse al vicio, como si fuera un adulto. Pedro posee un espíritu estático, no definido naturalmente en equilibrio: se nos dice claramente que es un niño, pero él se aficiona a actividades que generalmente son propias de los adultos: juegos de azar y riñas, aunque luego se habla de él como de un joven. La suerte le acompañó siempre, de modo que siendo todavía un muchacho, era una de las personas más ricas del país. El relato no nos indica alguna progresión entre su niñez y su juventud, de modo que este lapso pasa inadvertido. Aquí lo notamos en cuanto es signo de la estaticidad del héroe que aparentemente ha crecido pero sigue siendo un niño: su edad espiritual no coincide con la edad cronológica que se le asigna. Su manera de relacionarse con el entorno está referida a la fuerza de sus puños y a la destreza de su juego, habilidades que le producen mucho dinero que no es el fruto de su trabajo. Por el contrario, son habilidades que denotan su sujeción a las fuerzas del instinto, desarrolladas en la indefensión en que está su espíritu, debido a la debilidad de las imágenes paterna y materna, expresada en el escaso control que sus padres tienen sobre la conducta del niño.

Y así Pedro adquiere fama y fortuna, gracias a su poder mal habido. Con este dinero instala a sus padres en la ciudad, comprándoles un almacén, para que, sin gran trabajo, puedan vivir holgadamente. El héroe repara la precariedad material de su familia, lo que aparentemente es signo de independencia, de acceso a la sociedad por su propio mérito. Pero, como su dinero es fruto de la suerte y del vicio, resulta incompatible con la calidad de héroe. Sin embargo, vemos que Pedro en su prosperidad, ha obrado conforme a su experiencia de la pobreza: ha buscado suplir sus carencias materiales y las de sus padres, lo que revela, a pesar de su conducta poco honesta, un buen corazón dispuesto a obrar el bien. Así el héroe corta el cordón umbilical de la dependencia, aunque sea de este modo.

EL PACTO

Dada su pasión y talento por el juego, se impone a él la necesidad de enfrentarse a un rival que esté a su altura, pues ya en la ciudad no tenía incentivo. Esta necesidad lo impulsa a buscar una solución a su carencia. El héroe debe partir: no puede dominar sus malos instintos, siguiendo su afán de riqueza y su pasión por el juego. Debe ir a otra ciudad a buscar competidores que satisfagan su sed. Cuando se dispone a partir, el espíritu del Mal se le aparece en persona, acompañado de una mula cargada de oro (que simboliza al instinto no domado por el intelecto cargado con el afán de riqueza). El Mal tienta al joven que accede con audacia a la invitación que se le hace: Pedro contribuye a su perdición porque está tan cegado que no ve en el Diablo a su agresor, sino a quien le ayuda a dar rienda suelta a su pasión. El agresor, apresurado, pide a Pedro que antes de comenzar el juego voltee unos santos hacia la pared, cosa que el joven hace para iniciar su trato. De este modo, Pedro ha vuelto la espalda a los símbolos del Espíritu, representados en estas imágenes de santos, según el contexto cristiano en que se da el relato, para entregare con *entusiasmo* a su perdición. Tan poca calidad de espíritu tiene Pedro que sin mayor dificultad le gana al Diablo la mula cargada de oro. Perdido su juego, el Diablo propone al joven que se apuesten ellos mismos: tanta es la falta de iluminación del joven que accede a un tal enfrentamiento, el que terminó favoreciendo por tercera vez los propósitos del Diablo. Si bien el héroe tiene algunos asomos de iluminación, venciendo temporalmente al Mal, no puede contra la fuerza bruta del instinto y se somete a él. Pedro no ha armonizado su intelecto con su animalidad, solo se ha dejado seducir por ella, y de este modo no podrá por ahora, conciliar su espíritu.

El Diablo, que reclama a Pedro su alma para tres meses después, le entrega un machete para que se ayude en el camino. Así la malignidad, proporciona al héroe una deformación utilitaria de la espada, arma que en los relatos míticos es concedida por la divinidad para guiar con la luz del espíritu la búsqueda del héroe.

Para Pedro hay una contradictoria inclinación a acortar el plazo que le dio el Diablo para reclamar su alma, prisa que se contradice con su flojera y ocio característicos. El tiempo (la línea o fluido de la vida) pierde sentido. El mal lo atrae poderosamente. Pedro, acompañado de una pequeña suma de dinero, se encamina hacia la ciudad del Diablo, la ciudad de *Garabito*, portando el machete que este le ha dado. Pedro no sabe dónde está la ciudad, debe buscarla, debe llegar hasta el subconsciente negativo, allí donde se acumulan sus fuerzas instintivas y donde le será revelada su carencia profunda, que va más allá de la necesidad de un adversario en el juego de azar. El héroe, inicia así su partida y se dirige hacia un camino de pruebas y revelaciones.

LOS AUXILIARES

Es guiado en esta búsqueda por una serie de animalitos, como en todos los cuentos donde aparecen como auxiliares del héroe, los que corresponden a imágenes parciales de su persona; en este caso, a sus instintos negativos, a pesar de la ingenuidad con que aparecen en el relato. Revisemos con atención la presencia de estos auxiliares: En primer lugar, Pedro se encuentra con un zorrito, símbolo de lo subrepticio, de las *tretas* del Mal que lo acecha. Este zorrito no sabe donde queda Garabito, de modo que lo remite a su madre. Esta tampoco lo sabe, pero lo envía donde el León, dándole un presente para el viaje. La zorra mata una gallina, la cuece y se la da al joven: el Mal encarnado en la astucia de la zorra, destruye la luz del espíritu, la gallina, representante de la vigilancia. El Mal ha adormecido la capacidad del héroe de resguardarse, dejándolo a merced de su poder. Acompañado del zorrito el joven llega donde el León, que tampoco conoce la ciudad y lo remite donde el Traro, dándole también un regalo para el viaje. El León sacrifica a un cordero, asa un costillar y se lo entrega a Pedro: el León símbolo de las pasiones, del poder, y del peligro de ser devorado por el inconsciente, da muerte al cordero, símbolo de la mansedumbre y la pureza, terminando de borrar toda huella de espiritualidad del alma de Pedro, para poseerla sin reservas. Ambas fuerzas del mal destruyen con fuego las virtudes que podrían preservar al héroe de la malignidad.

Entonces queda a merced de la rapiña, representada por los animales que siguen. Acompañado de un leoncito, se dirige Pedro donde el Traro, símbolo de la falta de elevación espiritual. De igual modo nada sabe este y envía a unos traros nuevos para que acompañen a Pedro donde el Jote, ave que simboliza también esta falta de elevación espiritual, y peor aún la rapiña que se sacia con los despojos de los muertos, es decir, del espíritu muerto. Ninguno de los jotecitos conoce el destino de la ciudad, por lo que llaman al jote Cuchufito conocedor de esos nimbos. Así, los animalitos jóvenes terminan conduciéndolo, empujándolo al subconsciente (Garabito): Los instintos desatados se refuerzan con esta imagen de inmadurez, de latencia. El Jote Cuchufito (donante) representa al espíritu rezagado que se tambalea entre el Bien y el Mal, retenido por la malignidad. La borrachera del jotecito nos evoca simbólicamente esta oscilación entre ambos polos. Cuchufito podría conducir a Pedro *hasta con los ojos cerrados* hacia el hogar del Diablo, lo que revela su gran familiaridad con el vicio. Deciden emprender la búsqueda y se produce el desplazamiento.

MARIQUITA TRENZAS DE ORO

El héroe no tiene más que un día para llegar, tanta es su degradación, a las puertas del infierno. El donante le pide a Pedro dinero para comprar vino, ante lo que el joven se desprende de todo cuanto llevaba (generoso con sus amigos, característica de los jugadores). En agradecimiento le dona el objeto mágico y le da información para acceder a su *ánima* Cuchufito representa al mismo tiempo que el vicio, la perspicacia que hay dentro de la negatividad de Pedro: conoce exactamente cuál es la carencia profunda del héroe, en circunstancias que este la desconoce; sabe también como reparar esta carencia y así lo señala, aunque Pedro no lo ha hecho consciente. El héroe es conducido al lugar en que conocerá a su *ánima.*

Mariquita, despojada de sus trenzas de oro (símbolo del gobierno del espíritu), deja libre su sensualidad, presente en su corporeidad femenina. Pero no es una pata, sino que es una mujer transfigurada por arte de magia. Los patos que rozan el agua con su nado simbolizan también la falta de elevación, no logran despegar totalmente hasta un vuelo libre de la atracción terrena. Mariquita, en los dominios del Mal, no logra elevarse hacia una sublimación espiritual. Sumergida en las profundidades negativas del subconsciente. Mariquita no advierte que Pedro le ha robado sus trenzas. Pero Pedro, convertido en pez por arte de la plumita, adquiere la pureza (aunque temporal) necesaria para contemplar a la joven sin dar paso a la lujuria, como naturalmente se espera de la trivialidad en que está sumido. Siendo el pez símbolo de Cristo, a Pedro se le abre la puerta al conocimiento espiritual, y con esto él se anticipa a lo que será su estado de equilibrio. Pedro se sumerge en el subconsciente, como Mariquita, pero posee una forma que se mimetiza con el medio y que tiene poder ascensional en lo inferior, por lo que está temporalmente resguardado del Mal, y puede observar naturalmente a la joven. Cuando Mariquita echa de menos sus trenzas y advierte el hurto, clama por ellas y ofrece recompensa: *Al que me las entregue, yo lo libraré de todos los peligros en que llegue a encontrarse*, es decir, ofrece la sabiduría que ella posee, llegando a ser así también el auxiliar mágico de Pedro. Ha advertido el hurto y sabiéndose a merced del instinto, sin el gobierno del espíritu, se siente en peligro y ofrece su más preciado don para recuperar sus trenzas de oro. Pedro le devuelve las trenzas, devolviéndole simbólicamente el espíritu para el cuál él no está preparado. Mariquita le insiste en que confíe en ella, es decir, en la posibilidad de recibir la sabiduría, suceso que anticipa la conciliación: el joven le devuelve a su *ánima* el gobierno del espíritu, es decir, el principio intelectivo se íntegra al principio afectivo.

Mariquita señala que el Diablo es su padre, que nada bueno se espera de él y reitera su ayuda al héroe, convirtiéndose luego en pata y alejándose del lugar. Este vuelo que emprende Mariquita es una regresión al cautiverio del espíritu que no se ha conciliado con su contrario, con su *ánimus*. Pedro sigue desplazándose hacia el Infierno, después de tener esta experiencia de iniciación, en la que ha visto a su *ánima*. En el camino arroja el machete que el Diablo le ha dado, con lo que queda claro que Pedro no usará el arma de la trivialidad (malignidad) para reconocerse: si el héroe (Teseo) se pierde por no usar la espada de la divinidad, aquí se salva por no usar el arma de la malignidad. Como todo héroe verdadero, siente que le estorba el mal, pero aún no tiene clara conciencia de ello.

LOS CINCO TRABAJOS

Cuando se encuentra con el Diablo, este nota que no trae el machete y lo reprende. Pedro se burla del Diablo: *Se me vino adelante, no lo pude sujetar*, le dice como excusa. Obviamente el Diablo se pone furioso: el espíritu se está fortaleciendo. En represalia, el Diablo le encomienda a Pedro una serie de tareas irrealizables para la capacidad humana: La primera prueba consiste en extraer pan de las piedras: signo mesiánico de todo rey, proveer el alimento de su pueblo (material y espiritual) implica probada virtud del héroe para gobernar (también en el sentido del gobierno personal). Solo la integridad espiritual del héroe puede producir el milagro necesario para extraer algo positivo a partir de lo menos apropiado. Se trata de una sabiduría ligada a la idea de armonía con el medio. La magia hará que la armonía no se rompa, produciendo lo pedido como si fuera posible. La segunda prueba consiste en desaguar un pozo con un harnero. Es decir, se trata de rescatar lo vital (agua) de las profundidades. Revertir la estaticidad de esta agua es un signo de progresión del héroe, analogía de su propio camino de sublimación.

La tercera prueba trata de tender un puente que cruce el mar: implica la capacidad de transitar sin sumergirse sobre el elemento caótico, abismal y peligroso. Es la facultad de llegar a la otra orilla, la conciliación de los principios contrarios.

La cuarta prueba consiste en cuidar unos conejitos y sacarlos cada una hora para que bailen sin escaparse. El héroe debe domar sus instintos representados por los tres Diablos: poder, vanidad y lujuria, para acceder a la espiritualización, domar los instintos significa liberarlos controladamente. De modo que el hecho de que se le escapen a Pedro los conejitos nos confirma su sujeción a las fuerzas instintivas, falto del buen gobierno dado por el intelecto espiritualizado. Mariquita, poseedora de la sabiduría es la que finalmente los recupera.

La quinta prueba consiste en extraer uvas, similar a la extracción de pan. Recordemos que este cuento tiene un marcado acento de cristianización: el cuerpo (pan) y la sangre (vino) de Cristo, se ven simbolizados en estas dos pruebas, signos de permanencia del espíritu. Si el héroe no es capaz de cultivarlos, se produce el desgobierno del espíritu.

Todas las tareas que el Diablo encomienda a Pedro, van encaminadas en el sentido de una progresiva espiritualización. Parten desde la capacidad del héroe de proveer lo material hasta transitar por la espiritualidad que proporciona la sabiduría. Principio y fin del orden mesiánico, en el sentido de que el héroe posee la facultad de suplir cualquier carencia y de que su consecución lo encamina hacia la sublimación espiritual. Estas pruebas tan difíciles para la capacidad humana que el Mal presenta al héroe, apuntan a tentarle en lo que concierne a la estructura de la espiritualización; sin embargo Pedro las cumple satisfactoriamente, venciendo y burlando a su agresor. Logra vencer gracias a la ayuda que le proporciona su *ánima*, Mariquita, ocurriendo todas las situaciones de pruebas del siguiente modo: Pedro comienza con cierto empeño la tarea, pero luego el trabajo que ella le exige le produce cansancio o flojera, durmiéndose profundamente, olvidando por completo pedir ayuda a Mariquita, como ella se lo ha ofrecido. Cuando está próximo al vencimiento del plazo que le ha dado el Diablo, para realizar la tarea, aparece Mariquita, que reprende a Pedro por su olvido y, mediante la descripción verbal del prodigio, hace que este se produzca satisfactoriamente, retirándose a tiempo para no ser descubierta. Este interés que tiene Mariquita de que el Diablo no sorprenda dormido a Pedro significa un empeño de preservar el espíritu del daño que pueda ocasionarle el Mal por encontrarle indefenso: es una función de prevención de parte de la sabiduría. Pero el joven muestra el signo de su debilidad de espíritu: se queda dormido, a expensas de la situación. La joven, que cumple el rol de proveedora asiste a Pedro por medio de una magia destinada a protegerlo, realizando la proeza. Mas, cuando el Diablo, irritado, pregunta a Pedro como ha podido cumplir tareas tan difíciles, el joven le responde con picardía (característica del héroe popular) que no ha hecho sino lo que él le ha mandado porque *Cuando el hombre se propone hacer una cosa la hace no más*. Esta afirmación de su diligencia es contradictoria con la flojera que le conocemos y con la veracidad de los hechos. Obviamente, por razones de seguridad personal, Pedro no puede decir la verdad, al Diablo, pero nada lo obliga a atribuirse un mérito que en conciencia sabe que no le corresponde. Su jactancia está más cerca de la vanidad que del ingenio.

El Diablo capta que, estando el héroe en sus dominios, su espíritu está débil y no le permite realizar proezas que, por lo demás, requieren de una sabiduría que Pedro no posee, por lo que la explicación no lo convence. Pedro hace alarde de si mismo, disfrazando su carencia frente al Mal, como si esto fuera suficiente para evitar su perdición. Pedro no toma conciencia de nada, no reflexiona sobre las situaciones a las que se ve enfrentado, solo esgrime una jactanciosa excusa.

Estructurado el relato en base a tareas cumplidas, nos señala que el trabajo a realizar, por difícil que sea, puede intentarse felizmente con la ayuda del *ánima*, su complemento, porque de esa complementación nace la verdadera creatividad.

El intelecto solo no puede ver nada, necesita de la intuición y de la afectividad para aportar verdadera sabiduría a su espíritu. El intelecto es arrogante, y el héroe, para vencer por su propio mérito, es preciso que posea la virtud de la humildad, la facultad de reconocer sus faltas y enmendarlas reflexivamente. Pero Pedro no solo se olvida de sí, sino que también olvida a su *ánima*. Esta, en la última prueba, decide castigarlo, arrastrándolo de los pies hasta llevarlo a un quilantro (mata de quilo): el *ánima* remece a su *ánimus*, para advertirle su negligencia. Los pies —(residencia analógica del alma en el sentido de sostén o soporte)— no lo sostienen, y es arrastrado a la trivialidad, simbolizada por este arbusto adherido a la tierra, por contraposición a la elevación del espíritu.

LA HUIDA

Mientras tanto, el Diablo, ayudado por su compañera, nota que ha sido engañado por Pedro y descubre que Mariquita lo ha ayudado. Entonces, deciden exterminarlos mediante el fuego. Mariquita, que ha oído la conversación, advierte a Pedro y planea la fuga. Allí, ella revela a Pedro su verdadero origen: en realidad, no es hija del Diablo, sino que, siendo muy pequeña, fue raptada por este a la gloria, viviendo bajo el odio de la mujer del Maligno y de sus hijas. Siguiendo en este contexto cristianizado, vemos que el Mal ha aprisionado lo que en un principio vivía al amparo del espíritu; el pecado separa al hombre, de la armonía original con Dios, el espíritu yace cautivo, reclama liberación.

Toda la actuación del héroe esta encaminada a este viaje al subconsciente, donde se inicia la progresión espiritual, cuyo objetivo será rescatar a su ánima de este cautiverio, liberarla y conciliarse.

Mariquita le indica a Pedro como deben huir para que el Diablo no los atrape: deben huir en el caballo claro que anda una legua, es decir, *montar* sus instintos, domarlos, convertirlos hacia la pureza, a fin de alejar todo mal deseo y escapar de los dominios de la bestialidad. Domado el instinto, el camino de sublimación se recorre más rápido; mientras que el otro caballo (la bestialidad pura, por contraposición) abandona con lentitud el mal. Guiada por la prudencia, el *ánima* desea asegurarse de que el Diablo no descubrirá la fuga. Para ello ambos escupen en una fuente, dejando su saliva en lugar de ellos. Según la superstición, escupir significa arrojar el mal, contenido en la saliva, que se seca lentamente. Así, a las interpelaciones del Diablo, solo responde lo negativo que habitaba en cada uno, pues lo positivo de Mariquita y de Pedro se aleja del Mal. Sin embargo, la falta de iluminación de Pedro (el mal que aún lo tiene cautivo) hace que escoja el caballo equivocado y en consecuencia, cuando el Mal descubre la fuga, los perseguirá a una mayor velocidad, dándoles alcance. En este instante, el ánima idea ardides para zafarse del poder maligno. Primero, convierte el lago en pantano, obligando a su oponente a retroceder. El mal no puede atravesar el camino de espiritualización, solo se enreda en el fango, corriendo el riesgo de perecer, mientras los jóvenes, convertidos en patos que reposan en sus aguas, pasan inadvertidos. En un segundo ataque, Mariquita logra detener el avance del Mal mediante un ardid que viene a simbolizar la iluminación de la obscuridad subconsciente y lo libera: el bosque y su obscuridad (negatividad) se incendia (fuego del espíritu), como una revelación de la conciencia que hace huir al Mal. En un tercer ataque, el Mal es derrotado porque se enfrenta a un mayor nivel de sublimación, a una conciencia mayor: el intelecto (Pedro), vestido de cura, ayudado por la afectividad (Mariquita), vestida de sacristán, predica el mensaje redentor que repele la agresión. Finalmente, el Mal resbala en unas piedras sueltas que bordean el mar, donde navegan los jóvenes: el Mal no puede recorrer el camino sublimador del espíritu, resbalando en sus límites difusos, alterables. Ante esta definitiva derrota, en el acoso, el "ánima" es maldecida:

> "Anda, María, ahora vas muy contenta, pero ese perro pícaro que te lleva te ha de abandonar y se casará con otra".

Si revisamos la simbología cristiana aquí contenida, vemos que Mariquita, como María, la madre de Cristo, posee la capacidad de ayudar al hombre (Pedro, la primera simiente) a encauzarse hacia el espíritu, Dios. Sin embargo, esta piedra primera, como las que después lo sigan, poseen una base endeble, producto del pecado original del hombre, que es capaz de hacer resbalar al Mal, pero que no puede derrotarlo para siempre. Será preciso que venga el Mesías para entablar el combate final entre el Espíritu y la Bestia. La progresión de esta derrota se ordena desde la mimetización de símbolos hasta la intervención directa del Redentor.

Parece extraño que ni el Diablo ni su mujer, que con tanta claridad advierte el error de su cónyuge, no reconozcan el suyo propio. Esto nos sugiere que es raíz del mal la desarmonía, la unidad perdida: la desintegración los corroe, aunque pueden arrojar sus influjos de perdición.

LA ÚLTIMA CAÍDA

La Diabla que conoce el fondo pecaminoso de Pedro, a modo de maldición, lo predestina a abandonar a su *ánima*: con ello intenta destruir la posibilidad de que este se concilie, pasando así a formar parte de la legión de seres desquiciados que lo pecaminoso reúne. Pedro, que se conoce muy poco, niega esta deslealtad hacia su *ánima*. Pero la escasa calidad espiritual del héroe queda descubierta cuando se nubla con un falso amor, tentado por el vicio y olvidándose de su parte positiva, de su *ánima*. Lo positivo que Pedro había adquirido con Mariquita dura muy poco, revelando que su espíritu sigue siendo muy débil, a pesar de que las apariencias nos digan que se ha encontrado con su *ánima* tras abandonar los dominios del Mal. Pedro sigue tan cegado por sus instintos que no advierte el peligro de su proximidad al vicio (unión con el falso amor) no valora lo que abandona. Llega a desear la unión con lo negativo, aunque no tome conciencia de ello. Una niña, que conoce en la casa de juego, le *llena el ojo* y Pedro la pide en casamiento: el mal llena el ojo (la apariencia) pero no el alma, y Mariquita entonces acude a rescatar al héroe de su vaciedad. Pedro está a punto de caer en la lujuria, cambiando de amor con ligereza.

El desenlace de este cuento se produce durante la comida (banquete) que antecede al matrimonio. Analógicamente, por la idea de fiesta, desborde, unión, compartir, etcétera, nos anticipa al matrimonio. En el contexto cristiano del relato, tenía que ser así, pues durante esta comida iba a consumarse el falso amor, la perdición definitiva del héroe. No podía profanarse el rito nupcial con la consumación del falso amor, pues el lazo es indisoluble en la vida.

Debía, por tanto, escenificarse en otra situación que pudiera revertirse.

LA RECUPERACIÓN

Mariquita se introduce de incógnito entre el gentío que asiste al banquete. Permanecerá de incógnito hasta que Pedro la reconozca, contrastante con la ostentación que significa el banquete ofrecido por este. Mariquita, a fin de encarar la deslealtad de Pedro, se ofrece para contar una historia que entretenga a los invitados. Así reproduce toda su aventura con Pedro, tal como la sabiduría la ha ido revelando, dando un sentido profundo a los hechos que ocurren. La progresión en el perfeccionamiento espiritual queda manifiesta en las sucesivas recreaciones de la patita y en las negativas del patito (*¡Jajay que no me acuerdo!*). Cuando se le señala la travesía en el mar (la prueba que no pudo ganar el Diablo porque se resbaló), que significó la derrota del Mal, el patito da señas de iluminación, por vez primera: cuando el héroe logra hacer consciente el sentido de su travesía, es cuando recuerda lo ocurrido y puede reflexionar a partir de allí. El momento del encuentro total está dado por la recriminación que le hace el *ánima* sobre su pobreza de espíritu, incapaz de conservar el buen amor. Este momento es de suma importancia para el héroe, porque se juega su supervivencia espiritual: sus alternativas son las de perecer (sumido en el inconsciente, en el no-recuerdo) o vencer (tomando conciencia de su ascenso y optando por el Bien). Cuando Pedro reconoce que ha errado en su comportamiento con el verdadero amor, se salva de caer definitivamente en la degradación espiritual. Pedro reconoce su error, y luego reconoce a su *ánima* dotado ahora de la sabiduría se da cuenta del valor que tiene el amor para su equilibrio. Su intelecto se vuelve sensible, recupera la capacidad de ver la verdad y, por lo tanto, recupera su condición esencial, la de actuar. Toma su primera decisión en plenitud: unirse a su *ánima*, conciliar su espíritu. Se produce la unión ritual (matrimonio) solo cuando se enlazan los principios verdaderos: el falso amor no podía consumarse para bien. Esta armonía es fuente de regocijo para los protagonistas y los testigos: el banquete que era pura vanidad y ostentación cobra sentido. La sociedad le reconoce su integridad al héroe, siendo restaurado su orden natural. Finalmente, queda abierta la posibilidad de una interpretación post-cuento:

"Y se acabó el cuento del burro piojento, y se lo llevó el viento por la mar adentro y pasó por un zapatito roto para después contar otro".

Es decir, se restableció el orden que el Mal había dañado: el burro cargado de oro mal habido, sucio, *piojento*, se ha acabado. Se lo llevó el viento mar adentro: el espíritu (viento) se sumerge de nuevo en las profundidades del subconsciente negativo (mar adentro): la búsqueda que ha debido hacer el héroe. Y pasó por un zapatito roto para mañana contar otro: y en otro cuento, otra porción de sabiduría, el alma dañada, rota (recordemos que por analogía, como elementos interiores, los pies simbolizan el alma), nos conducirá a un nuevo ciclo de carencia-búsqueda y restauración del espíritu.

Marisol Robles
Verónica Veloz

BIBLIOGRAFÍA

Ramón Laval. T*radiciones, Leyendas y Cuentos Populares Recogidos de la Tradición Oral de Carahue*. Santiago de Chile: Imprenta Universitaria, 1920.

Ramón Laval. *Cuentos Populares de Chile*. Santiago de Chile: Imprenta Cervantes, 1925.

Vladimir Propp. *Las Raíces Históricas del Cuento*. Madrid: Fundamentos, 1974.

_____ *Morphologie du Conte*. París: Seuil, 1970.

Marie Louise von Franz. *L' interpretation des Contes de Fées*. París: La Fontaine de Pierre, 1978.

Michéle Simonsen. *Le Conté Populaire*. París: Preste Universitaire de France, 1984.

Adolfo Colombres. *Sobre la Cultura y el Arte Popular*. Buenos Aires: Ediciones del Sol, 1987.

Paul Diel. *Simbología de la Mitología Griega*. Editorial Labor.